ANWB Extra

Madrid

Uitgeverij ANWB

Inhoud

Het belangrijkste eerst

De stad zelf ontdekken
Wanneer 's ochtends de rolluiken van de bars en winkels omhoog ratelen, is het in het centrum nog stil. 's Avonds komt iedereen de huizen uit naar de straten en pleinen: nergens is de Madrileense sfeer intenser dan in de *barrios* van de oude stad. Het mooist is het om doelloos door de straten te dwalen ...

Wat voeten lekker vinden
Hoe lang het wandelen leuk blijft, is ook een kwestie van comfortabele schoenen. De hennepzolen van de Spaanse *alpargatas* doen de voeten in elk geval goed. Ana Ladrón toont in het oeroude Antigua Casa Crespo in de wijk Malasaña wat voeten lekker vinden en waarmee Spanjaarden al eeuwenlang rondlopen.

Muziek voor niets
Op de Puerta del Sol spelen vaak mariachikapellen – en wel zo, dat je blijft staan. Op de Plaza de Oriente, bij het conservatorium, hoor je 's avonds soms een jonge vioolspeelster of een flamenco-zangeres.

Hotspot van de culturele scene
Bij het woord 'slachthuis' denken de jonge stedelingen eerst aan concerten, films, theater, tentoonstellingen, lezingen, evenementen en festivals. Het ruime complex van Matadero Madrid omvat verscheidene historische hallen aan de rivier en is nu een laboratorium voor kunst en creativiteit. Een fraaie etalage van de jonge Madrileense culturele scene.

Voor theaterliefhebbers
Voor de haastige stadsmens is er een minutentheater. De Madrileense passie voor theater is legendarisch. Natuurlijk, met Lope de Vega hebben ze hun Spaanse Shakespeare. De stukken in het Microteatro por Dinero duren maar een paar minuten. Te komisch! Zelfs als je er niets van verstaat.

Wat Madrilenen beweegt

Vrijwel dagelijks staan er demonstranten op de centrale Puerta del Sol – ze protesteren tegen ontslagen en werkloosheid, de banken en de politiek. Maar in het laatste weekend van oktober blaten hier duizenden schapen. En dat vanwege een koninklijk recht om de historische schapendrift Cañada Real te mogen gebruiken. Deze leidt al sinds de middeleeuwen door Madrid. Een bijzonder contrast met de juwelierswinkels, fraaie gebouwen en banken.

!

Olivia verwent je!

Olivia te cuida – en nog wel in haar woonkamerrestaurant in Chueca. In een zeer intieme sfeer zitten de gasten in deze kleine ruimte dicht op elkaar en eten ze wat de pot schaft. Reserveren is vereist (via Facebook).

Madrid en het geluk

Wanneer je een lot van de Spaanse loterij koopt bij doña Manolita, stijgen de kansen op geluk aanzienlijk, denken de aan de lotto verslaafde Madrilenen. Ze staan vaak in lange rijen voor de kiosk in de Calle del Carmen. Vooral in december, want dan worden er loten verkocht voor de kerstloterij.

Dat uitzicht over de stad

Een sundowner op het fraaie dakterras van Círculo de Bellas Artes – dat is fantastisch! Helemaal boven vanaf het belle-époquegebouw aan de Calle de Alcalá heb je een schitterend uitzicht over de Gran Vía en de rest van stad in noordelijke richting. Bijzonder indrukwekkend tegen zonsondergang.

Het liefst ontmoeten we elkaar in de bars van Lavapiés. Daar hebben we ooit in een flat samengewoond. Manuel loopt bijna dagelijks door de stad. Hij is freelance journalist en houdt alle veranderingen goed in de gaten.

Vragen? Ideeën?

Laat het ons weten! Ons adres bij de ANWB:

@ *anwbmedia@anwb.nl*

Dit is Madrid

Het mooie aan een stedentrip is het ervaren van een ander levensgevoel, een andere manier om het bestaan vorm te geven – inspiratie, magie! Madrid is daarvoor een ideale plek. Je gaat de straat op en zit er middenin, duikt het mediterrane leven in en het tintelende concert van Iberisch temperament. Want een groot deel van het dagelijkse leven, inclusief luidruchtige en vrolijke gezelligheid, speelt zich dankzij het klimaat buiten af – in de straten, op de pleinen, in de talloze bars en tavernes. Uitgaan doet hier iedereen. Ondanks de crisis…

Een les in solidariteit en tolerantie

Ja, de financiële crisis heeft de Spanjaarden geraakt. De door Brussel gedicteerde bezuinigingen, loonkortingen, belastingverhogingen, werkloosheid of 'wurgcontracten' – men sleept zich van de ene baan naar de andere – zijn voor veel Madrilenen direct voelbaar. Sommigen moeten met € 1000 in de maand zien uit te komen, met grootstedelijke huurprijzen. Maar het gemeenschappelijke uitgaan laat men zich niet ontnemen. Familie en vrienden helpen elkaar, zelfs voor een avond.
Toch is van neonationalistische tendenzen, zoals elders in Europa, niets te bespeuren. Eerder zie je hier een 'gezonde' portie anarchisme. Schelden op buitenlanders en migranten? Niets van te merken. Heimwee naar een sterke staat? Niet weer! Liever meer soevereiniteit voor regio's. Afkeer van Europa? Onmogelijk!
Al sinds de industrialisatie geldt Madrid als 'stad van de open armen'. Uit heel Spanje trokken arme bewoners van het platteland hiernaartoe. Het hele scala aan Spaanse regio's, van het 'Keltische' Galicië in het noordwesten tot de 'Afrikaanse' voorpost Andalusië in het zuiden, groeide in Madrid samen. Het werd de smeltkroes van Spanje. En het liet iedereen leven zoals hij wil. Nu geldt de mentaliteit van de stad evenzeer tegenover gays of lhbt-paren als immigranten uit Noord-Afrika, Roemenië of Zuid-Amerika.

Cultureel geraffineerd en creatief

Misschien zijn het juist deze openheid en tolerantie die een jonge culturele scene de wind in de rug geven. Creatievelingen en kunstenaars uit het hele land trekken naar de metropool. Ze is de referentie bij uitstek voor zaken als kunst en cultuur, design, fotografie, schilderkunst, muziek, flamenco, film en theater. Ze is de plaats van de grote modeacademies – en van de gastronomische excellentie en culinaire experimenten. Hier vind je de meeste culturele centra, de beste tentoonstellingen en de hoogste concentratie aan galeries. Avant-gardistische kunsttrends ontstaan in de creatieve centra van Madrid.
Veel jonge mensen die zichzelf tot de alternatieve scene rekenen, proberen in Madrid met kleine winkels en creatieve ideeën voet aan de grond te krijgen. Ze bieden inmiddels een echt alternatief voor het shoppen in de grote warenhuizen of bij de gevestigde chique markten. Op kleine

Lekker zitten of door? Op de Madrileense pleinen – hier op de Plaza de San Ildefonso in Malasaña – geniet iedereen van het leven en de lichtheid van het bestaan. Kunst en cultuur? Misschien later...

schaal worden mode en accessoires, designartikelen en kunstobjecten aangeboden – de jonge scene in New York en Londen vormde de inspiratie. Zo vindt een fantastische heropleving plaats van de oude stad, waar de ene na de andere ouderwetse winkel moest sluiten.

De stad van de grootste kunst

De stadsboulevard Paseo del Prado is het adres van de belangrijkste musea van het land, waartoe het Prado, het Centro de Arte Reina Sofía en het Thyssen-Bornemiszamuseum behoren. Hij staat ook bekend als 'kunstboulevard', Paseo del Arte, en terecht! Maar de Spaanse metropool heeft nog veel meer te bieden. Zo zijn er de pompeuze stadspaleizen, door edelen en kooplieden ooit gefinancierd met zilver en goud uit de Spaanse koloniën, en de prachtige barokke kloosters en kerken, die in de Gouden Eeuw aan het eind van de 16e en begin van de 17e eeuw door het hof en de adel van kunst en kostbaarheden werden voorzien.

Laat je gewoon meedrijven

Dat moet je vooral doen in de wijken van de oude stad, in de opgeknapte stegen rond de historische Plaza Mayor of in de sobere *barrios* als Lavapiés of Malasaña, de schrijverswijk Huertas of in Chueca. Traditioneel waren dit de wijken van de eenvoudige mensen en tot op heden worden ze gekenmerkt door historische gebouwen in plaats van luxewoningen. Hier wandel je in het voetspoor van grote dichters, architecten en kunstenaars. Doe als de Madrilenen: trek 's avonds van tapasbar naar tapasbar, ervaar de Spaans-Andalusische ziel bij flamenco, ontdek het jonge, moderne, creatieve Madrid!

Madrid in cijfers

0

Vanaf de nul in het plaveisel van de Puerta del Sol worden de kilometers aangegeven op alle nationale wegen.

7

sterren omgeven in het Madrileense wapen de beer. Een verwijzing naar het sterrenbeeld de Grote Beer.

12

druiven eet iedere Madrileen op de twaalf klokslagen met oudejaarsavond. Dat brengt twaalf maanden geluk.

14,2

procent bedraagt de werkloosheid in 2017 in Madrid (in Spanje: 18,6 procent eind 2016).

655

meter boven zeeniveau ligt Madrid. Na Andorra is dit de hoogstgelegen hoofdstad van Europa.

4300

demonstraties vonden in het crisisjaar 2013 plaats in Madrid. Momenteel zijn het er nog een paar honderd per jaar.

9788

bars en restaurants telt deze uitgaansstad, dus één etablissement per 323 inwoners.

78.000

studenten heeft de Universidad Complutense – een van de grootste universiteiten van Europa.

396.889

mensen met een migratieachtergrond wonen er begin 2017 in Madrid, dat is 8,16 procent van de bevolking.

3.165.883

inwoners telt Madrid. Iets meer dan Rome.

7.600.000

entreekaarten kochten bezoekers in 2016 voor de musea Centro de Arte Reina Sofía (3,6 mil.), Prado (3 mil.) en Thyssen-Bornemisza (1 mil.).

22.000.000

koppen Spaanse chocolademelk (chocolate) schenkt Chocolatería de San Ginés per jaar. Naar eigen schatting. Het kunnen er ook 10. 000 meer zijn.

1.200.000

bezoekers per jaar gaan naar de wedstrijden van Real Madrid.

Wat is waar?

Sinds de Habsburgse Filips II, die ooit het grootste rijk op aarde regeerde, in 1556 zijn koningszetel naar het toenmalige dorp Madrid verplaatste, is het enorm gegroeid – in quasi concentrische cirkels en nu nog steeds herkenbare stadia van stadsuitbreiding.

De wijk van de Habsburgers

De **Barrio de los Austrias** (🕮 B-D 5/6), de wijk van de Habsburgers, is de kern van Madrid. Hij strekt zich van het **paleis** (🕮 B/C 5/6) in oostelijke richting uit tot de **Puerta del Sol** (🕮 D/E 5), waar vroeger de stadsmuren met de gelijknamige poort het oude dorp begrensden. Het hart van de middeleeuwse stad is de **Plaza Mayor** (🕮 D 6); de parallelstraten **Cava Baja** en **Cava Alta** tonen nog het verloop van een voormalige stadsgracht (🕮 C/D 6/7). Eigenlijk is Madrid ouder: het werd gesticht door Arabieren, die van Andalusië naar het noorden waren opgetrokken. De onopvallende resten van de nederzetting liggen ten zuiden van de kathedraal.

B
BARRIOS

Madrids oude *barrios* en hun namen: **Malasaña**, de straten rond de **Plaza del Dos de Mayo** (🕮 D 3), is een overwegend door hipsters bezochte scene- en uitgaanswijk. Ook het aangrenzende **Chueca** straalt nog veel gezelligheid uit. De omgeving rond de **Plaza de Chueca** (🕮 E 4) is een centrum van de gayscene. In de **Barrio de las Letras** (schrijverswijk), ook wel **Huertas** genoemd, woonden in de Gouden Eeuw de grote dichters van Spanje. Hier vind je bijzonder veel sfeervolle oude tavernes. De **Plaza de Santa Ana** (🕮 E 6) met zijn *cervecerías* is het ontmoetingspunt van het uitgaanspubliek. De wijk rond de **Plaza de Lavapiés** (🕮 E 7) behoort toe aan de jonge alternatieven van Madrid en is tegelijk een kleurrijke migrantenwijk: Aziaten, Marokkanen, Afrikanen en latino's karakteriseren de multiculturele scene.

De oude stad

De historisch gegroeide wijken rond de Barrio de los Austrias zijn op de stadsplattegrond te herkennen aan de onregelmatige stegen. Het waren de kwartieren van de eenvoudige mensen en ook tegenwoordig vind je hier nauwelijks luxewoningen. Wel zijn de bestaande woningen inmiddels grondig gerenoveerd. Het gevolg: de gentrificatie begint aan te dringen. Met de richting van de klok mee heten de wijken Universidad, Centro, Justicia, Cortes en Embajadores. Maar iedereen noemt de *barrios* of woonwijken gewoon Malasaña, Chueca, Huertas respectievelijk Barrio de las Letras en Lavapiés of (ernaast) La Latina.

De grote boulevards

Het hart van de stad is het plein **Puerta del Sol** (🕮 D/E 5) midden in het historische centrum. Het is een verkeersknooppunt van de metrolijnen, waarvan de tunnels dagelijks honderdduizenden mensen uitspuwen die gehaast naar de omliggende straten met kantoorgebouwen stromen. Vanaf het plein buigt een grote stadsboulevard af, de **Calle de Alcalá** (🕮 E 5), een gebied van banken en luxehotels, met fraaie belle-époquearchitectuur. Een tweede stadsboulevard, die aan het begin van de 20e eeuw een bres door de dichtbebouwde oude stad sloeg, is de **Gran Vía** (🕮 C-E 4/5). Waar de twee boulevards elkaar treffen, staat een monumentaal gebouw, waar met grote letters valt te lezen wat de architecten en investeerders hier destijds wilden: Metrópolis.

Kunstboulevard en Castellana

De **Paseo del Prado** (🕮 E 5-7), met het Prado- en Thyssenmuseum naast het Centro de Arte Reina Sofía, draagt met recht de naam kunstboulevard. In vrijwel geen enkele andere Europese stad vind je een vergelijkbare concentratie aan kunst op zo'n klein oppervlak. Als noord-zuidas doorsnijdt de stratencombinatie Paseo del Prado-Paseo de Recoletos-Paseo de la Castellana de stad. Langs de twaalf rijstroken tellende **Castellana** (🕮 G 1-3) in noordelijke richting is de ontwikkeling van de architectuur van de jaren 50 tot de dag van vandaag goed te zien. De nieuwste glazen torens staan aan de andere kant van de Plaza de Castilla: het hoogbouwcomplex **Cuatro Torres Business Area** (CTBA), waarvan de torens bij aankomst al vanuit het vliegtuig zijn te zien.

Herenhuizen en haute couture

De nieuwere wijken van Madrid trokken sinds het begin van de 20e eeuw de kapitaalkrachtige inwoners. Vooral **Salamanca** (🕮 G-J 1-5) met zijn sierlijke, meerdere verdiepingen tellende herenhuizen, representeert het Madrid van de late 19e en begin 20e eeuw, en toont de hoge levensstandaard van de adel en bourgeoisie. Een bijzonder straat is de **Calle de Serrano** vanwege zijn concentratie aan haute couturiers en Spaanse modeontwerpers.

Nieuwbouw aan de rivier de Manzanares

Een van de jongste stedenbouwkundige projecten, **Madrid Río** (🕮 A 5-8), omvat het herstel van het Madrileense rivierenlandschap als recreatiegebied. Een grote winst, want zo lijkt ook het uitgestrekte koninklijke jachtdomein op de andere oever van de rivier dichter bij de stad.

Kodakmoment

De straat als vorm van het bestaan

In de buitenlucht is het heerlijk genieten. Daar vind je lucht en licht en mensen. Daarom is Madrid van 's morgens vroeg tot 's morgen vroeg geopend. Tussen de golven van hectische activiteiten op straten en pleinen, en de rustiger uren van de dag leeft de stad haar ritme. Tijd voor een praatje in een straat als hier in de schrijverswijk bij de Plaza de Santa Ana is er altijd. De straat als vorm van het bestaan en als school van het leven – met deze oneindige openheid steken de Madrilenen iedereen aan.

Eten is een cultus

Ach. Wat een mooi bord, maar... helemaal niets erop? Godzijdank heeft deze kleine toneelscène niets te maken met wat je van Madrid verwacht: gevulde borden. Met alles wat maag, hart en ziel begeren. Culinaire klassiekers, hogere kookkunst, tapas en daarbij natuurlijk de beste Spaanse wijnen. Eten is essentieel in deze stad. Iedereen praat erover, steeds met het meeste respect, alsof het over de belangrijkste vorm van schone kunsten gaat. Je zult het zelf beleven: Madrid bestaat vooral uit markten, restaurants, gastrobars, tavernes, bodegas, bars en terrassen. Gastronomie in alle denkbare varianten, van lokaal en traditioneel tot experimenteel, internationaal en universeel. Dus: aan tafel en aan de toog en altijd naar de borden kijken!

Ruimte voor cultuur

De mens heeft ook geestelijke voeding nodig, cultuur in alle facetten en expressievormen. Alternatieve podia, literaire cafés, jonge galeries of streetart in de stedelijke ruimte. Tot de grote centra van het Madrileense culturele leven behoren het Matadero Madrid, Conde Duque, CentroCentro en La Tabacalera: ze zullen je verrassen met spannende tentoonstellingen, concerten, films, toneel of lezingen. Aan de andere kant van het spectrum van de wereldberoemde kunstmusea aan de Paseo del Prado voeden zij de ziel van de stad.

Het kompas van Madrid

#2
Museale middeleeuwen – **Barrio de los Austrias**

#3
Koninklijk ensemble – **paleis, kathedraal, opera**

BAR NA BAR NA BAR

HOOFDSTEDELIJKE PRACHT EN PRAAL

#1
Levendige pleinen – **het centrum van Madrid**

Start op kilómetro 0

WAAR BEGIN IK?

Woede en trots

Kunst en kitsch

FIETSEN DOOR DE STAD

retro-futuristisch

#15
Klanken van het zuiden – **Flamenconachten in Madrid**

#14
Zin in grasduinen? – **Op naar Rastro!**

#13
Een fietstocht – **Madrid Rio en Matadero Madrid**

#12
Hipsters en rebellen – **Malasaña**

dichten, debatteren, decanteren

#4

Kroegentocht in de schrijverswijk – **Huertas**

HO, HO, HOGE KUNST

#5

Kunstmuseum van wereldniveau – **Museo Nacional del Prado**

zo mooi kan globalisering zijn!

#6

Het jonge, bonte Madrid – **Lavapiés**

Guernica? Picasso!

#7

Tempel van moderne kunst – **Centro de Arte Reina Sofía**

KONINGEN HEBBEN WE NIET NODIG, ALLEEN HUN PARKEN

#8

Even bijkomen – **stadspark El Retiro**

De chic ligt op straat

#9

De wijk van de noblesse – **Salamanca**

LIBERTAD!

#11

Leef zoals je je voelt! – **Chueca**

WANDELEN, ZIEN, KOPEN

#10

'Groot' en bedrijvig – **Gran Vía**

1

Levendige pleinen – **het centrum van Madrid**

Daar zijn ze, die stedelijke energie, het vibreren van de lucht, puur levensgevoel. Zoals de hartslagen van de stad, soms sneller en opgewonden, dan rustig en gelijkmatig ... De Madrileense pleinen zijn knooppunten van het leven.

Voor een goede indruk van Madrid ga je naar de Puerta del Sol en de Plaza Mayor. Sol, zo noemen de stedelingen kortweg hun zonnepoortplein, het drukke middelpunt van de stad. Op een steenworp afstand ligt de middeleeuwse tegenhanger: een van de mooiste pleinen van heel Spanje.

Veel drukte: het plein van de zonnepoort

Je kent het zeker uit de media, uit het televisiejournaal, en wel als plein van protesten. Dit was de ontmoetingsplaats van de beweging 15-M,

Een gezellig plein met knusse cafés en bars? Fout! Op de Puerta del Sol is iedereen in beweging en is altijd wat te doen. Straatmuzikanten, clowns, verkopers, demonstranten en de lokale politie dragen allemaal hun steentje bij.

die hier voor het eerst op 15 mei 2011 bijeenkwam. Dat de politiek op de Puerta del Sol centraal staat, heeft een traditie. Hier werd in 1873 de republiek uitgeroepen, de eerste, toen in 1931 de tweede, om na een gruwelijke burgeroorlog en een vreselijke dictatuur toch weer in de monarchie te eindigen. Nu is de Puerta del Sol het doel van alle demonstraties. Aandacht is hier gegarandeerd. Stel je maar voor: dagelijks passeren ongeveer een half miljoen mensen het plein.

Bij het woord Sol denken Madrilenen echter niet eerst aan politiek en protest, maar aan het metrostation. Uit de tunnels stromen ononderbroken dichte mensenmassa's. Velen hebben haast en letten nauwelijks op de mooie, in vanillegeel geschilderde gebouwen uit de 19e eeuw. Alleen het postkantoor met de markante klokkentoren is ouder. Het **Casa de Correos** 1 is de zetel van de regionale regering, de Comunidad de Madrid, en wordt daarom goed bewaakt. In het plaveisel voor het gebouw toont een metalen plaquette de kilometer nul (kilómetro 0) voor alle Spaanse nationale wegen.

P PROTEST

Spanje werd in 2011 hard getroffen door de **financiële crisis** en sindsdien heeft één op de twee jongeren geen baan om zelf in zijn levensonderhoud te voorzien. De beweging 15-M of Beweging van de Verontwaardigden laat op de Puerta del Sol luid horen wat ze van de banken, economische en sociale politiek en corrupte politici vindt. De protestbeweging bundelt veel Spanjaarden in de nieuwe partij Podemos, die door professor in de economie Pablo Iglesias wordt geleid.

Geschiedenis en oriëntatiepunt

Het plein is genoemd naar de zonnepoort, die echter samen met de middeleeuwse stadsmuur werd gesloopt. Deze lag overigens onder het huidige pleinniveau – dat wordt duidelijk als je aan de oostkant onder de halfronde glasconstructie afdaalt naar het onderaardse metrostation. Hier werden muurresten van de **Iglesia del Buen Suceso** 2 (Kerk van Goed Succes) uit de 16e eeuw blootgelegd. Ze zijn niet spectaculair, maar laten zien hoe zeer Madrid in de loop der eeuwen in hoogte is toegenomen.

Het plein kent een paar oriëntatiepunten. De gietijzeren **beer (El Oso)** 3 bij de ingang naar de Calle de Alcalá is het wapendier van de stad – overigens wijzen de Madrileense feministen erop dat het eigenlijk om een berin gaat. Hoog te paard boven de Puerta del Sol troont **koning Carlos III** 4, die ook graag als beste burgemeester van Madrid wordt gezien (alleen de socialistische Enrique Tierno Galván was nog geliefder; misschien vanwege zijn aardige radio-ochtendboodschappen voor de stedelingen, zoals: lieve mensen, laat uw afval toch niet gewoon op straat

Een beresterke foto! Voor 'El Oso y el Madroño' wordt de ene selfie na de andere gemaakt. De beer (oso) eet de vruchten van de aardbeienboom (madroño). Het is lang geleden dat beide nog in de omgeving van Madrid te vinden waren.

Daar rijdt hij nog steeds door de stad, de 'Fransenkoning' Carlos III. Zijn hervormingen waren aanvankelijk niet geliefd en toen hij de Madrilenen de sombrero verbood, kwam het zelfs tot een bloedige revolte, de Hoedopstand.

vallen, maar doe het in de afvalbak, dan voelen we ons fijner met elkaar'). Carlos III was meer op jacht dan in de stad en het waren dan ook eerder zijn ministers die Madrid met ziekenhuizen en de kunstboulevard Paseo del Prado gelukkig maakten. Om de inschriften op de sokkel te kunnen lezen, moet je er meerdere keren in een cirkel omheen lopen, vandaar dat deze ook wel *tornillo* (schroef) wordt genoemd. En dan is er ook nog de warmbloedige, marmerwitte **Mariblanca** 5, die waarschijnlijk een Venus of Diana moet voorstellen. Wanneer de Madrileense prostituees demonstreren, verzamelen ze zich het liefst voor de witte Marie …

O
OVERIGENS

Achter tralies troont in het midden van de Plaza Mayor het **ruiterstandbeeld van Felipe III** 6. Achter tralies? Moet het volk tegen de koning worden beschermd of omgekeerd? Wie zal het zeggen? In elk geval dankt Madrid aan deze man zijn mooiste *plaza*. De mensen hielden niet altijd van het monument, dat in 1616 in Florence werd gegoten. Eenmaal was er zelfs een aanslag op de koning, dat was tijdens de Tweede Republiek. Iemand had toen een explosief in de paardenmond gestopt. En daarbij bleek dat het dier in de loop der eeuwen talloze vogels had ingeslikt. Ondertussen zit de koning op een paard met gesloten mond en zelf zegt hij ook al een tijdje niets meer.

Madrid open-air sinds vijfhonderd jaar

Alle bezoekers trekken naar de **Plaza Mayor**, Madrids middeleeuwse stadsplein, en niemand ontkomt eraan. De korte **Calle de la Sal** met oude zilverambachtslieden en horlogemakers herinnert aan oude tijden. Sinds 1880 worden op nr. 2 uurwerken gerepareerd. Grappig is de kleine pop, de horlogemaker boven aan de gevel, die elk kwartier in beweging komt, waarbij Madrileense volksliedjes worden gespeeld. In de **Calle Postas** zijn veel souvenirwinkels.

Om het plein rustig te bewonderen, kun je het beste een kopje koffie drinken op een van de prijzige **terrassen**. Ook nu nog doet het plein dienst als openluchtpodium voor zomerconcerten en stadsfeesten. Iedere zondagochtend komen de postzegel- en muntenverzamelaars samen onder de bogen. Schilders en karikaturisten maken binnen een handomdraai een zeer individueel portret. En wanneer er in Madrid weer eens een internationale voetbalwedstrijd wordt gespeeld, bezetten de fans van de gastploeg het plein. In de adventstijd is het de achtergrond voor een kerstmarkt.

De Plaza Mayor was van oudsher het decor voor heiligverklaringen en stierengevechten, voor ruitertoernooien en toneelopvoeringen en voor zittingen van de Inquisitie en executies. De laatste terechtstelling vond hier plaats in de 19e eeuw. Dit soort spektakels trokken wel vijftigduizend toeschouwers. In 1620 werd de Plaza Mayor met de zaligverklaring van de stadspatroon San Isidro

INFO EN OPENINGSTIJDEN

Toeristenbureau: Plaza Mayor 27, tel. 914 54 44 10, dag. 9.30-20.30 uur, openbare wifi

ETEN EN DRINKEN

Het in 1894 geopende **La Mallorquina** ❶ (Puerta del Sol, 8, www.pastelerialamallorquina.es, dag. 8.30-21.15 uur) behoort tot de iconen van de Madrileense cafés en lunchrooms. Aan de taarten in de etalage valt bijna niet te ontsnappen. De bonbons en taarten van de in 1855 gestichte **Pastelería El Riojano** ❷ (Mayor 10, www.confiteriaelriojano.com, dag. ca. 10/10.30-14, 17.30-20.30/21 uur, in de zomer zo., feestdagen gesloten) kun je ook ter plaatse proeven. Overheerlijke caloriebommen!

TWEE LEUKE WINKELTJES

Voorbij de poort naar de Calle de Toledo ligt rechts een origineel oud winkeltje. Bij **Alpargatería Casa Hernanz** 1 kun je terecht voor *alpargatas* (espadrilles, touwschoenen) in alle kleuren en maten vanaf € 6 per paar (www.alpargateriahernanz.com, ma.-vr. 9-13.30, 16.30-20, za. 10-14 uur). Soms staan de mensen hier in een wachtrij tot aan de straat.

Een paradijs voor liefhebbers van Spaans handwerk is **El Arco Artesanía** 2 (Plaza Mayor 9, dag. 11-21/23 uur) onder de poort in de zuidwesthoek van het plein. In deze leuke winkeltjes vind je sieraden, aardewerk, textiel, tassen en nog veel meer. Veel stukken zijn exclusief vervaardigd door kunstenaars en ontwerpers.

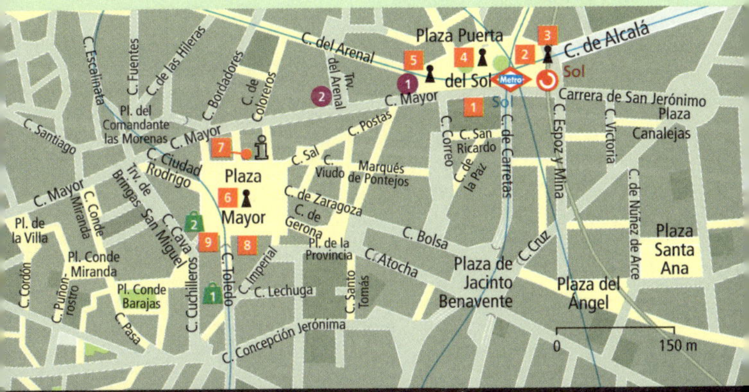

Uitneembare kaart 2, D–E 5-6 | **Metro** L1, L2, L3, Sol

Misschien wel de kortste straat van Madrid, de Calle de la Escalerilla de Piedra onder de Plaza Mayor.

O
OVERIGENS

Is de beroemdste van de negen poorten tot de Plaza Mayor een poort of een straat? Op een muur van de **Arco de Cuchilleros** 9, vanwaar een trap naar de Calle de Cuchilleros voert, staat: 'Calle de la Escalerilla de Piedra', en daarom zou de korte trap een straat zijn. Maar dan ook wel een piepkleine. Toch nog altijd groot genoeg om het adres van een taverne te zijn: **Las Cuevas de Luis Candelas.** De naam herinnert aan Madrids beroemdste – en populairste – crimineel uit de 19e eeuw. Hij werd in Lavapiés geboren, beroofde de rijken en gaf aan de armen. Zo was het goed, zij het niet voor de autoriteiten.

ingewijd. Het ontwerp was geleverd door Juan de Herrera, die voor de Habsburgse koning ook het Escorialpaleis creëerde. Maar in 1790 moest het plein na een verwoestende brand worden gerenoveerd, het huidige aanzien gaat terug op Juan Gómez de Mora.

De koninklijke loge

Schilderachtig is het plein van 120 x 100 m omsloten door negen poorten. Om een idee van het complex te krijgen, is het de moeite waard om eenmaal door elke poort te gaan.

Het Bakkershuis, het **Casa de la Panadería** 7 uit 1672, is het oudste gebouw. Van hieruit hadden de Habsburgse koningen bij feesten en schouwspelen het beste uitzicht op het plein. De torens met hun spitse daken zijn een typisch kenmerk van veel representatieve gebouwen van de Habsburgers, dat vind je vaker in Madrid. Carlos Franco vernieuwde in 1992 de frescoschildering op de façade, die het mythologische huwelijk tussen aarde en water verbeeldt. In het gebouw bevindt zich het toeristenbureau van Madrid. Ertegenover ligt als een soort tweelinggebouw het Slagershuis, het **Casa de la Carnicería** 8.

Souvenirs, souvenirs

Onder de arcaden reiken de restaurants en winkels zich aaneen. De oude traditionele winkels zijn grotendeels verdwenen, met uitzondering van een paar munten- en postzegelspecialisten. Gebleven zijn de winkelgevels van hout, vaak Baskisch rood of jagergroen geschilderd, ook wanneer erachter alleen souvenirs worden verkocht.

Museale middeleeuwen– **Barrio de los Austrias**

#2

Tascas en tabernas te kust en te keur in een van de schilderachtigste wijken van Madrid. In de bochtige straten van de wijk van de Habsburgers rond de Plaza Mayor kun je je voorstellen hoe Madrid in de middeleeuwen was.

Wanneer je in de Calle Mayor, die vroeger de 'hoofdstraat' van Madrid was, links het gebouwenblok met de Plaza Mayor gepasseerd bent, loop je direct erachter de aflopende straat in. Niet zonder een blik te werpen op de fraaie **Mercado de San Miguel** 1 uit het begin van de vorige eeuw.

Langs de Cavas

Schilderachtig is de straat die aan de buitenkant van de Plaza Mayor in een boog bergaf leidt. In

Waarom de oude tapasbar met de fraaie tegels aan de Cava Baja 'Bitch' heet, weet niemand meer. In elk geval bewaart La Chata de sfeer van de stierenvechterstijd en is het ook geliefd bij hipsters.

INFO EN OPENINGSTIJDEN

Iglesia de San Andrés 1: ma.-za. 9-13, 18-20, zo. 10-13 uur
Museo de San Isidro. Los Orígenes de Madrid 2: www.madrid.es/museosanisidro, di.-zo., feestdagen 9.30-20, juli-half sept. di.-vr. 10-14, 15-19, za., zo., feestdagen 10-19 uur, toegang gratis
Colegiata de San Isidro 7: Calle Toledo, 8-13, zo. 9-14 en dag. 18-20 uur

ETEN EN DRINKEN

In de **Mercado de San Miguel** 1 (zo.-wo. 10-24, do.-za. 10-2 uur) bieden de stalletjes lekkere tapas. Een favoriet onder de eenvoudige restaurantjes is **Casa Revuelta** 2 (Latoneros 3, di.-za. 10.30-16, 19-23, zo. 10.30-16 uur, ca. € 5): in het hart van het toeristisch centrum ademt deze tapasbar een bescheiden en authentieke sfeer. Vers gefrituurde stokvishapjes zijn hier de culinaire begeleiding van bier en wijn. Gezellig is het **Café del Nuncio** 3 (Segovia 9, zo.-do. 12.30-1.30, vr., za. tot 2.30 uur), waar je in de zomer buiten zit op de brede trappen bij de Iglesia de San Pedro.

BIJ NONNEN WINKELEN

Alles wordt hier door nonnen gemaakt: gebak, marmelade, chocolade en natuurlijke zeep. De charmante kleine winkel **El Jardín del Convento** 1 (Cordón 1, www.eljardindelconvento.net, di.-zo. 11-14.30, 17.30-20.30 uur, in de zomer zo.-middag gesloten) ligt aan de achterkant van het Carboneras-klooster.

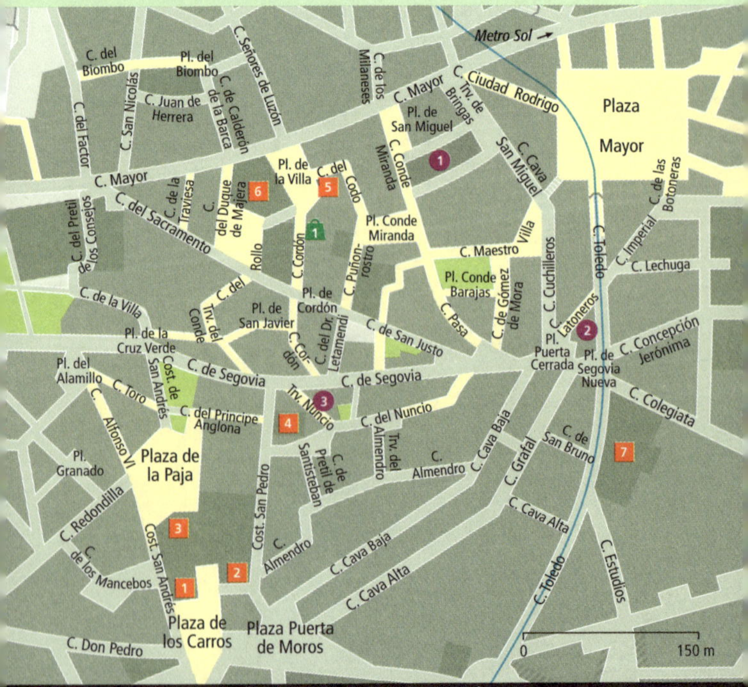

Uitneembare kaart 2, C/D 6/7 | **Metro** L1, L2, L3 Sol

de middeleeuwen liep hier een gracht langs een stadsmuur, waaraan nog de naam *cava* (de San Miguel) herinnert. De gevels aan de linkerzijde lopen aan de bovenkant gelijk met de bebouwing van de Plaza Mayor. Om deze reden zijn de onderste huizen ongebruikelijk hoog voor de tijd waarin ze zijn gebouwd. In de gewelven van de souterrains hebben tavernes en restaurants sfeervolle ruimtes gecreëerd. Met een lichte boog wandel je verder in de **Calle de Cuchilleros**, waar aan de linkerkant een granieten trap naar een hoge poort naar de Plaza Mayor leidt. Dan stuit je op de zonovergoten terrassen rond de **Plaza Puerta Cerrada**, ook altijd goed bezocht.

Het verlengde van de Calle de Cuchilleros, de **Cava Baja**, werd in de 18e en 19e eeuw gedomineerd door herbergen, de *posadas*. Daaraan herinneren nog de grote houten poorten met dubbele deuren waardoor destijds de kooplieden uit de omgeving met hun paardenkoetsen de binnenplaats op reden. Nu is de Cava Baja een unieke locatie voor fijnproevers. De straat vormt een aaneenschakeling van restaurants, met houten of betegelde façades in traditionele Madrileense stijl en vaak rustiek ingericht. Kiezen is moeilijk, maar één ding is zeker: in deze straat hoef je geen honger te lijden.

Trendy wijk La Latina

Het gebied rond de **Iglesia de San Andrés** 1 uit de 17e eeuw, waar naïeve schilderingen de wonderen van de stadspatroon San Isidro tonen, biedt volop ruimte aan de terrasjes van de trendy wijk **La Latina**. In een oud adellijk paleis herinnert ook het aan de stadsgeschiedenis gewijde **Museo de San Isidro** 2 aan de stadspatroon.

Bijna verstopt ligt aan de achterkant van de kerk de **Plaza de la Paja.** Op het 'Stroplein' overhandigden de landarbeiders in de middeleeuwen een tiende deel van hun oogst aan de geestelijkheid. Er werden ook stierengevechten gehouden. In ieder geval is deze *plaza* in de geplaveide en betonnen stad een exoot: een onverharde plek met een paar bomen. In de restaurants en bars eromheen kunnen ook vegetariërs terecht.

Een kunsthistorisch kleinood is de in de stijl van de Isabelgotiek gebouwde bisschopskapel **Capilla del Obispo** 3. Deze huisvest het albasten graf van

In de oude straten rond de Plaza Mayor zaten ooit de ambachtslieden die het koningshuis, de adel en de rijke burgers verzorgden. De straatnamen herinneren eraan: messen en degens vond je in de Calle de Cuchilleros, manden en handschoenen in de Calle de Esparteros, borduurwerk in de Calle de Bordadores ... Straatnaamtegels met kleine afbeeldingen laten zien welk ambacht ooit in de straat werd uitgeoefend.

W WONDER

O heilige wonderbron! Nadat de zoon van stadspatroon San Isidro erin verdronken was, kwam hij er na de vurige gebeden van zijn vader weer levend uit. Het miraculeuze object is te zien in het Museo de San Isidro.

Ach, wat romantisch! Door de oude stadswijk bij de Plaza de la Villa slenteren 's nachts het trendy uitgaanspubliek en de verliefden.

een bisschop uit het adellijke geslacht Vargas. Van hier is het maar een paar stappen naar de kleine **Iglesia de San Pedro** 4 met zijn originele klokkentoren uit de 14e eeuw.

Middeleeuws puur

Aan de andere kant van de Calle de Segovia, die tussen twee heuvels loopt en naar de rivier leidt, voeren smalle stegen omhoog naar de **Plaza de la Villa**. Dit historische plein wordt omringd door typische voorbeelden van Habsburgse bouwkunst. Het oudste gebouw is het **Casa de los Lujanes** 5, een adellijke woning uit de 15e eeuw, gevolgd door het Casa de Cisneros uit de 16e eeuw. Het vroegere stadhuis, het **Casa de la Villa** 6 uit 1586-1696 (niet te bezichtigen), herken je wederom aan de karakteristieke torens – de Habsburgse koningen hadden gewoon een zwak voor deze architectuur.

OM DE HOEK

Madrids stadspatroon, San Isidro, moet een ijverige en vrome landwerker en wonderdoener zijn geweest. Zijn gebeente rust in een handgesmede zilveren urn in de **Colegiata de San Isidro** 7. Tot 1992 was dit Madrids provisorische kathedraal. Het voorbeeld voor deze door de jezuïetenorde geïnitieerde kerk was overigens Il Gesú in Rome. In 1664 werd het barokgebouw met diepe zijkapellen en paleisachtige façade voltooid.

O OVERIGENS

De ietwat schuine toren van de **Iglesia de San Pedro** met zijn Arabisch-Byzantijnse vensters staat vermoedelijk op de plek van een vroegere moskee. Zeker is dat in de omgeving van de huidige kerk na de herovering van Madrid door de christenen een kleine Arabische nederzetting lag. De naam **Calle de la Morería** herinnert daaraan. In *morería* schuilt het woord *moro*, dat Moor betekent.

S STADSFEEST

San Isidro, de stadspatroon, geeft elk jaar weer aanleiding tot een vrolijk **stadsfeest.** Het vindt plaats op 15 mei.

Koninklijk ensemble **– paleis, kathedraal, opera**

\# 3

Koning Felipe VI resideert niet in dit slot. Hij woont in een klein paleis aan de rand van de stad. Hij gebruikt het Palacio Real bij officiële gelegenheden. Door het paleis, de kathedraal en het koninklijke operagebouw slentert nu het volk. De koning is een leuk, sportief type… die wil niet in een museum wonen!

De pracht van de Bourbonkoningen

De eerste Bourbonkoning in Spanje, Filips V, liet het huidige **Palacio Real** 1 op de heuvel boven de Río Manzanares bouwen nadat het vorige paleis hier in 1734 door brand was verwoest. Het ontwerp van de Madrileense architect Ventura Rodríguez kenmerkt zich door het grondpatroon van een Spaans *alcázar*. In het paleis wandel je door een reeks schitterende zalen, waar vroeger de Spaanse koningen leefden en zich omringden met kostbare meubelstukken, schilderijen, wandtapijten en andere voorwerpen die ze verzamelden.

Het hek is goudkleurig en solide, erachter woonde de koning. Tegenwoordig bestormt het volk het Palacio Real en mag het kijken hoe het hier destijds was.

O
OVERIGENS

Of oorlogen vroeger minder erg waren? Wat zeggen de lansen, wapenrustingen en metalen pantsers van de paarden in de **Real Armería** 2, de koninklijke wapenverzameling? Nog meer strijdlustige museumstukken zijn vanaf 2018 in het **Museo de las Colecciones Reales** 3 te zien. In het nieuwe gebouw tussen het paleis en de kathedraal staan echter ook vredelievender objecten als koetsen en kunst.

Voorbij de ingang pronkt boven de dubbele **trap** een plafondfresco van Corrado Giaquinto. Giovanni Battista Tiépolo, die ook het trappenhuis van de residentie in Würzburg van schilderingen voorzag, verfraaide de **Salón de Alabarderos** met het fresco *Apotheose van Aeneas*. Via de **Salón de Columnas** met Brusselse wandtapijten bereik je de **troonzaal** met de tronen van het koningspaar en daarboven een plafondfresco van Tiépolo, *De grootsheid van de Spaanse monarchie*.

De drie zalen van Karel III – de **Gasparinizalen** – bevatten fresco's van de Boheemse schilder Anton Raphael Mengs, olieverfschilderijen van Luca Giordano en Francisco de Goya en rococostucwerk van de Napolitaan Gasparini. Zeer fraai zijn de eetzaal, de biljart- en rooksalon en niet te vergeten de vertrekken van de koninklijke dames.

Kerkvesting op een Arabische kern

De Madrileense kathedraal, de **Catedral de Santa María la Real de la Almudena** 4, werd pas in 1993 voltooid. Het hoge, lichte interieur bevat echter enkele historische kunstwerken: het retabel van de Virgen de la Almudena, de beschermvrouwe van Madrid (16e eeuw), de gotische sarcofaag van de stadspatroon San Isidro (13e eeuw), een twintigdelig retabel van Pedro Berruguete en een kruisbeeld van Juan de Mesa (1621) in het koor. Het **kathedraalmuseum** en het **uitkijkplatform** van de kerktoren zijn te bereiken via een aparte toegang. Ouder dan het hoofdgebouw is de **crypte** 5, een donkere ruimte met ongeveer vierhonderd zuilen en de graftombes en privékapellen van adellijke en welgestelde Madrileense burgers. Precies hier zou een Madonnabeeld zijn verstopt, toen aan het eind van de 1e eeuw de moslims vanuit Andalusië naar de Castiliaanse hoogvlakte trokken. In 1085 vond koning Alfons VI het terug – wat als een teken uit de hemel werd opgevat. De vindplaats ligt bij de crypte en tegenover het huidige park waar nog enkele resten zichtbaar zijn van de muren van de oorspronkelijke Arabische nederzetting.

O
OVERIGENS

Ongeveer halverwege de 9e eeuw moet Madrid als militaire post van de naar het noorden getrokken Arabieren ontstaan zijn. Weinig herinnert eraan, alleen muurresten tegenover de crypte in het **Parque del Emir Mohamed I**. Maar: uitgerekend de naam van de stadspatrones Almudena stamt duidelijk af van het Arabische *al mudayna* (= stad).

Groen plein met operagebouw

Als een enorme stijltuin met struiken, bloemen, banken om uit te rusten en decoratieve sculpturen strekt zich de rustige **Plaza de Oriente** uit tus-

INFO EN OPENINGSTIJDEN

Palacio Real 1: www.patrimonionacional.es, okt.-mrt. dag. 10-18, apr.-sept. 10-20 uur; € 11, tot 16 jaar en 65+ uit de EU € 6, exposities € 4, audiogids € 3, ma.-do. 16-18, apr.-sept. 18-20 uur toegang gratis

Kathedraal 4: www.catedraldelaalmudena.es, museocatedral.archimadrid.es, dag. 9-20.30, juli/aug. 10-21; crypta 5: dag. 10-20 uur, donatie wordt gewaardeerd; museum ma.-za. (behalve feestdagen) 10-14.30 uur, incl. sacristie, kapittelzaal en torenbeklimming € 6/4

Teatro Real 6: bezichtiging dag. 10-13 uur elk half uur, € 8/6

ETEN EN DRINKEN

Vanaf het terras van **Café de Oriente** 1 (ma.-do. 8.30-1.30, vr., za. 8.30-2.30, zo., feestdagen 9-1.30 uur) heb je het paleis bij een stuk taart of zelfs een (enigszins) voordelig lunchmenu in het vizier. Met een terras en goedkope gerechten scoort ook **El Anciano Rey de los Vinos** 2 (Bailén 19, www.elancianoreydelosvinos.com, wo.-ma. ca. 10-24 uur).

PAUZE IN DE NATUUR

Heb je even een pauze nodig van de stad? De **Jardines de Sabatini** en **Campo del Moro** zijn daarvoor heel geschikt (▶ blz. 84).

Uitneembare kaart A–C 5/6 | **Metro** L2, L5 Ópera

sen het slot en het Madrileense operagebouw. In het midden verheft zich het ruiterstandbeeld van koning Felipe IV uit 1640, waarvoor de beroemde hofschilder Velázquez het ontwerp maakte. Tegen de achtergrond van het operagebouw en het slot geven muziekstudenten gratis concerten.

In 1831, tijdens een periode van politieke onrust, gaf Isabella II opdracht tot de bouw van het **Teatro Real** 6 (Koninklijk Theater) – een onregelmatige zeshoek, granietgrijs als het paleis, classicistisch. Hier komen de grote opera's en balletvoorstellingen op de planken.

OM DE HOEK

De **Iglesia de San Nicolás** 7 is de oudst bewaard gebleven kerk van Madrid. De mudéjartoren stamt uit de 12e eeuw. Hier is de architect van het Escorialpaleis, Juan de Herrera, begraven (Plaza de San Nicolás 6, ca. 8-11, 19-21 uur).

O
OVERIGENS

Een merkwaardige falanx van koninklijke beelden omzoomt de zijkanten van de **Plaza de Oriente.** Je ziet er namen als Wilfredo el Beloso, gestorven in 898, of Ramiro I, gestorven in 850. Deze eerste vorsten en koningen van de kleine christelijke rijken, die in de middeleeuwen in het noorden van het Iberisch Schiereiland ontstonden, gelden als grondleggers van het huidige Spanje.

4

Kroegentocht in de schrijverswijk – **Huertas**

Het stadsdeel Huertas tussen Carrera de San Jerónimo en Calle de Atocha draagt de fraaie naam Barrio de las Letras of schrijverswijk. Herinneringen aan dichters en denkers zijn hier volop te vinden, waaronder theaters, tavernes, muziekclubs en trendy ontmoetingsplaatsen.

De schrijvers en dichters zijn allang overleden, maar de jazz leeft voort. Traditioneel vind je in Café Central de crème de la crème van de jazz. Op de foto: het Moisés P. Sánchez Quartett.

Veel straten zijn genoemd naar grote schrijvers die hier ooit hebben geleefd, zoals *Don Quichot*-auteur Miguel de Cervantes of Lope de Vega, de 'Spaanse Shakespeare'. Zoals bekend, kan wijn inspireren tot dichten en verhalen vertellen, dus lijkt het geen toeval dat enkele van de oudste kroegen van de stad in Huertas te vinden zijn. De wijk is het centrum van het nachtleven.

Het plein van de heilige Anna

In Huertas beginnen en eindigen alle wegen op de **Plaza de Santa Ana.** De naam herinnert nog aan een klooster, dat Napoleons broer Joseph Bonaparte (oftewel Pepe Botella ▶ blz. 67) liet slopen toen hij Spanje voor korte tijd regeerde. Tegenwoordig kunnen alle biertenten het ruime plein gebruiken en dat met groot succes. Tussen de cafés op het plein, waarvan de terrasjes 's nachts stampvol zitten, valt de uit 1904 stammende **Cervecería Alemana** 1 op. In deze 'Duitse Bierstube' is het bier even Spaans als de tapas en de *raciones*. In de vorige eeuw kwamen hier stierenvechters en politici, intellectuelen en schrijvers, onder wie Ernest Hemingway. Maar de concurrentie is groot, bijvoorbeeld door de **Cervecería Santa Ana** 2, eveneens met een historisch tintje.

Een smalle kant van het plein wordt ingenomen door het uit 1704 stammende, in 1802 in neoclassicistische stijl vernieuwde **Teatro Español** 1. Het gebouw er tegenover, met grote ramen en een 'vuurtoren' op het dak, dateert uit het begin van 20e eeuw en hoort nu bij **Hotel ME Madrid** 2. Dat we ons hier in de omgeving van de dichtkunst en het theater bevinden, tonen ook de beide sculpturen op het plein: de Andalusische dichter **Federico García Lorca** 3 staat voor het Teatro Español en de toneelschrijver **Calderón de la Barca** 4 voor Hotel ME.

In het spoor van de dichters

Wie wandelt door de **Calle de las Huertas** 6, de hoofdstraat van de wijk die naar de kunstboulevard Paseo del Prado voert, moet zijn blik omlaag richten: citaten van dichters zijn in de bestrating aangebracht en brengen je terug naar de tijd toen hier Cervantes, Lope de Vega en andere intellectuele reuzen woonden. Ook de moeite waard is het **Casa-Museo de Lope de Vega** 7. Hier woonde de schrijver Lope de Vega met zijn kinderen. Je ziet er het karakteristieke interieur van een Madrileense woning uit de 17e eeuw. In de naar Lope de Vega genoemde straat bevindt zich de **Iglesia de las Trinitarias Descalzas** 8, waar naar verluidt zijn dichterscollega Cervantes zijn laatste rustplaats heeft gevonden. Een grafsteen in de kerk kent geen twijfel (toegangskaarten voor

In het gerenommeerde Teatro Español, midden in de schrijverswijk, staan al driehonderd jaar Spaanse klassiekers op het programma.

O OVERIGENS

De Madrilenen waren altijd al theaterliefhebbers. Een voorloper van het huidige **Teatro Español** (Spaanse Theater) was een van de oude openluchttheaters *(corrales de comedias)*, waar sinds de 16e eeuw stukken ter lering en vermaak van de stadsbewoners werden opgevoerd. Een paar meter verderop werd een ander spectaculair theater uit het begin van de 19e eeuw gerenoveerd: het **Teatro de la Comedia** 5 is de zetel van de Compañía Nacional de Teatro Clásico (Calle del Príncipe 14).

INFO EN OPENINGSTIJDEN

Cervecería Alemana 1: Plaza de Santa Ana 6, wo.-ma. 11-1/2 uur
Cervecería Santa Ana 2: Plaza de Santa Ana 10, dag. 11-1.30/2.30 uur
Casa Alberto 3: Huertas 18, di.-do. 12-0.30, vr., za. 12-1.30, zo. 12-16 uur
La Venencia 4: Echegaray 7, dag. 12.30-15.30, 19.30-1 uur
Viva Madrid 5: Manuel Fernández y González 7, dag. 12-24/2 uur
Casa-Museo de Lope de Vega 7: Cervantes 11, www.casamuseolopedevega.org, di.-zo. 10-18 uur, gratis rondleidingen elk half uur.
Ateneo de Madrid 9: Prado 21, www.ateneodemadrd.com, dag. 9-22/23 uur

MEER TIPS VOOR DE AVOND

Villa Rosa 7 (Plaza de Santa Ana 15, www.tablaoflamencovillarosa.com, ▶ blz. 76) is gespecialiseerd in flamenco. Hotel ME Madrid heeft een van de mooiste dakterrassen van de stad. In **The Roof** 8 (gescheiden ingang, lift, dag. 19-1.30/2.30 uur, € 20 incl. drankje) nip je aan een cocktail en luister je naar muziek. Niet alleen voor jazzfans is het gerenommeerde **Café Central** 9 een aanbevolen adres. Overdag is er zelfs een lunchkaart (▶ blz. 106).

ETEN EN DRINKEN

Het **Casa González** 1 (León 12, www.casagonzalez.es, ma.-za. 9.30-24/1, zo. 11-18, juli/aug. alleen ma.-za. vanaf 18.30 uur), delicatessenzaak, café en eetlokaal in één, is een familiebedrijf (sinds 1931) in de derde generatie. Hier komen ook de buren langs, voor een glas wijn en een tapa of om enkele kleinigheden in te kopen. *Raciones* en warme gerechten vanaf € 10.
Meer dan een café-bistro is **La Fábrica** 2 (Alameda 9, www.lafabrica.com, Café-Bistro ma., di. 9.30-19, wo., do. 9.30-0.30, vr. 9.30-1.30, za. 10-1.30, zo. 10-17 uur, winkel: ma.-za. 11-20, zo. 11-17 uur). De boekhandel en de galerie in het souterrain hebben zich in fotografie gespecialiseerd. Er worden ook goede wijnen, olijfolie, schriften en geschenkartikelen verkocht.

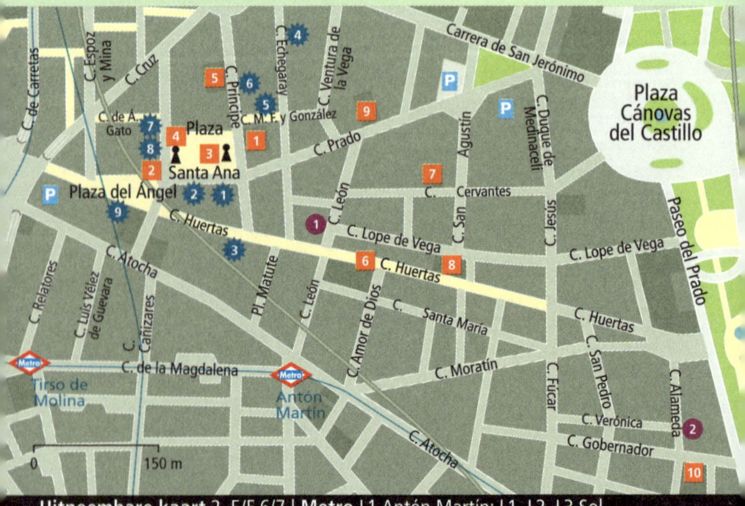

Uitneembare kaart 2, E/F 6/7 | **Metro** L1 Antón Martín; L1, L2, L3 Sol rondleidingen zijn verkrijgbaar in het Centro de Turismo, Calle Mayor 27).

Het **Ateneo de Madrid** 9 is een eerbiedwaardig cultureel privé-instituut uit 1820 met een café-restaurant. Het Atheneum bevordert kunst, wetenschap en literatuur, en vormde altijd een ontmoetingsplek voor de intellectuele elite van de stad voor hun *tertulias*, debatten over politiek en cultuur en over God en de wereld. Deze vinden nog steeds plaats in de Sala de la Cacharrería.

Schilderachtige tabernas

In de tot voetgangersgebied verklaarde Calle Huertas ligt het **Casa Alberto** 3 uit 1827, een historisch juweeltje met houten wanden, gestucte plafonds en een toog gemaakt van marmer en zink. In dit huis woonde in de vroege 17e eeuw overigens de dichter Cervantes. Hier werkt nog de karakteristieke Spaanse kelner. Netjes aangekleed met een zwart strikje en een wit overhemd of schort stelt hij zich geheel in dienst van de gasten, maar eventueel kan hij ook onmiskenbaar duidelijk maken wie er in de zaak de baas is: een etablissement als uit grootvaderstijd. De wijn wordt uit vaten in karaffen getapt, waarbij de tapas goed smaken.

Nog meer als een museum of zelfs een beetje morbide oogt **La Venencia** 4. Aan de muren hangen vergeelde affiches van het stierenvechten; het *vinito* (wijntje) dat je hier bestelt komt uit Jerez en is sherry, die je *fino* (fris droog) of *manzanilla* (kruidig) kunt drinken, met olijven, kaas of gedroogde tonijn erbij. De consumpties worden door de cafébaas met krijt op de houten toog genoteerd.

Een lust voor het oog, van de oude *azulejos*-gevel tot het interieur, is **Viva Madrid** 5, sinds vele jaren een bekend trefpunt voor jongeren.

OM DE HOEK

De schrijverswijk reikt tot de kunstas Paseo del Prado. Daar ligt het **CaixaForum** 10, een industrieel monument, dat door de architecten Herzog & de Meuron tot een imposant cultureel centrum werd omgebouwd. De **hangende tuin** van het aangrenzende huis perfectioneert het ensemble. De tentoonstellingen zijn vaak van hoge kwaliteit.

O
OVERIGENS

Ook dit past bij de schrijverswijk: het grotachtige **Cuevas de Sésamo** 6 (*cueva* = grot) in de Calle del Príncipe reikt een eigen literaire prijs uit. Het is een kroeg in een keldergewelf, waar je ver weg van het lawaai op straat en de wereld in alle rust een kopje koffie of glaasje wijn kunt drinken – begeleid door live pianomuziek.

K
KATER

Terraceo, buiten zitten, dat doet men in de schrijverswijk vrijwel het hele jaar op de Plaza de Santa Ana, de Plaza del Ángel of in de straten Cádiz, Barcelona en Álvarez Gato, door Madrilenen meestal gewoon het katerstraatje genoemd (*gato* = kater). Daar hangen aan de gevel van de taverne **Las Bravas** convexe en concave spiegels. Zie jij er daar ook zo 'katerig' in uit?

5

Kunstmuseum van wereldniveau – **Museo Nacional del Prado**

Een museum dat de harten van kunstliefhebbers wereldwijd sneller doet kloppen. Hier vind je meesterwerken van Velázquez, Goya en El Greco. Voor deze topstukken uit de Europese schilderkunst van de middeleeuwen tot de 19e eeuw staan bezoekers vaak geduldig in lange rijen te wachten op de Paseo del Prado.

Daar zit de schilder met penseel en palet, en rust tevreden uit. Wat ondertussen zijn goed recht is. Want ook tegenwoordig stromen de Spanjaarden nog steeds naar Velázquez' werken toe.

Het Prado behoort tot de beroemdste pinacotheken ter wereld. Aan de basis van deze collectie stonden de schilderijenverzamelingen van de Spaanse koningen. In 1819 had Fernando VII besloten in het door Juan de Villanueva opgerichte neoklassieke gebouw, het **Edificio de Villanueva** 1, quasi zijn particuliere Louvre onder te

brengen. Pas na de onttroning van Isabella II – in een tijd van politieke verwarring – en haar vlucht naar het buitenland in 1868 werd het Prado een officieel staatsmuseum.

Naast werk van Spaanse hofschilders, met als belangrijkste Velázquez en Goya, biedt het Prado een overzicht van de Europese kunst, waarbij de Italiaanse, Vlaamse en Spaanse meesters domineren. Rafael, Titiaan, Tintoretto, Jeroen Bosch, Rembrandt, Rubens – de grote namen uit de geschiedenis van de schilderkunst zijn vertegenwoordigd. Ook kun je hier werk van de kunstenaars uit de Spaanse Gouden Eeuw (siglo de oro) bekijken: Murillo, Zurbarán en El Greco.

Publiekstrekkers ...

Niet alleen omdat de zaalnummering op de hoofdverdieping van de Edificio de Villanueva begint, maar ook omdat hier op de 1e verdieping de grote meesters uit de Spaanse schilderkunst te vinden zijn, is het goed je bezoek boven aan de trap aan de noordkant te beginnen. De afdeling met Italiaanse kunst toont werken van onder anderen **Tintoretto** en **Titiaan**, die Karel V vaak portretteerde, zoals op het doek *Keizer Karel V na de slag bij Mühlberg*. Naar verluidt zou Karel V Titiaan zo hebben vereerd, dat hij zelfs ooit een gevallen penseel voor hem zou hebben opgepakt

De lange en smalle galerij toont geselecteerde werken uit de **Spaanse barokkunst**, onder meer van Jusepe de Ribera, El Greco, Velázquez en Murillo. Grenzend aan de galerij vind je zalen met Vlaamse schilderkunst uit de 17e eeuw, onder andere van **Rembrandt** en **Rubens**, en **Spaanse schilderkunst uit de Spaanse Gouden Eeuw**.

El Greco, 'de Griek', die geboren werd op Kreta maar sinds 1577 in Spanje woonde, ontwikkelde een geheel eigen beeldspraak en een voor zijn tijd moderne schilderstijl. De figuren op zijn diepreligieuze schilderijen zijn op een bepaalde manier vervormd, haast in de lengte uitgerekt – en daardoor extatisch.

Rond om de polygoon (zaal 12) vind je werken van de wereldberoemde hofschilder **Diego de Velázquez y Silva** (1599-1660). Kunsthistorici zijn gefascineerd door *Las Meninas* (*De Hofdames*), een scène aan het hof van de Habsburgse koning Filips IV. Op het doek zie je de dochter van de

O
OVERIGENS

Jaarlijks bezoeken bijna drie miljoen mensen het Prado en zijn fantastische tijdelijke tentoonstellingen. De tijden dat het hele museum bij deze gelegenheden werd overspoeld, zijn voorbij sinds het uitbreidingscomplex **Edificio Jerónimos** 2 met ongeveer 2000 m² oppervlak werd opgeleverd. De naam herinnert aan een hiëronymietenklooster, waarvan alleen een bouwvallige kruisgang is overgebleven. Steen voor steen werd deze afgebroken en boven op het nieuwe complex weer opgebouwd. De eenvoudige, hoekige vorm en de steenconstructie van het ook *cubo* genoemde Edificio Jerónimos zijn karakteristiek voor de vormtaal van de Spaanse architect Rafael Moneo. Zijn 'kubus' schiep ruimte voor tentoonstellingen, een restaurant en de museumshop, naast een extra opslagruimte voor beelden. De doorgang naar het hoofdgebouw bevindt zich onder in het middengedeelte.

koning, haar hofdames, een hofnar én de schilder zelf. Ook vind je hier portretten van Filips IV en zijn echtgenote Maria Anna van Oostenrijk, fijnzinnige afbeeldingen van hofnarren en dwergen die de Habsburgers aan het hof 'hielden', het historische schilderij *De Overgave van Breda* en volkse taferelen als *De Drinker* en *De Spinsters*.

INFO EN OPENINGSTIJDEN

Prado 1: Paseo del Prado s/n, tel. 902 10 70 77, www.museodelprado.es, metro: L1 Atocha, L2 Banco de España, ma.-za. 10-20, zo., feestdagen 10-19 uur, 6. jan., 24 en 31 dec. 10-14 uur, 1. jan., 1 mei en 25 dec. gesloten
Toegang: algemeen € 15, met korting € 7,50, combikaartje 'Paseo del Arte' ca. € 30, audiogids € 4, € 0,85 toeslag bij voorverkoop via internet; www.entradasprado.com of tel. 902 10 70 77; gratis ma.-za. 18-20, zo., feestdagen 17-19 uur en voor kinderen tot 18 en studenten tot 25 jaar. Voor exposities betaal je de laatste twee uur voor sluiting de halve prijs.
Ingangen: Aan de noordkant door de Puerta de Goya, waar ook de kassa's zijn, en de Jerónimosingang op de begane grond van het nieuwe complex achter het Prado.
Actuele museumbrochures: liggen in meerdere talen bij de informatiekiosk achter de ingang achter de ingang. De steeds geactualiseerde folders bieden naast een plattegrond met alle zalen en een kleurengidssysteem voor de afzonderlijke tentoonstellingscomplexen ook informatie waar de meest bezochte werken hangen.

ETEN EN DRINKEN

Voor de inwendige mens zorgt de **museum-cafetería** 1. Leuk om te ontspannen is het terras van café-restaurant **El Botánico** 2 (Ruiz de Alarcón 27, tel. 914 20 23 42, dag. 8-23/1 uur, rijstgerechten vanaf ca. € 16) met uitzicht op het Prado en het smeedijzeren hek van de botanische tuin. Direct ernaast ligt **Café Murillo** 3 (Ruiz de Alarcón 27, www.murillocafe.com. ma.-za. 9.30-0.30, zo. 9.30-18, in de winter 12-18 uur, dat uit 1927 stamt en mediterrane bistrogerechten serveert.
Aan de Calle Moreto, een gebouwenblok hoger, koop je in de **Cafetería Blanca** 4 (Calle Moreto 15, ma.-vr. 8-18, zo. 9-14 uur) een sandwich, taart en coffee to go, om je vervolgens terug te trekken in de botanische tuin of het stadspark EL Retiro. Tapas van sterrenkok Paco Roncero krijg je bij **Estado Puro** 5 onder in Hotel NH Paseo del Prado (Plaza Cánovas del Castillo 4, www.tapasenestadopuro.com, ma.-za. 11-1, zo. 11-17 uur, vanaf € 15, met terras).

Uitneembare kaart F/G 6 | **Metro** L1 Atocha, Atocha-Renfe; L2 Banco de España

Het mooie leven van de adel, in harmonie met de natuur, vertrouwen in de toekomst – dat karakteriseert Goya's vroege werk als 'De parasol' (El Quitasol) uit 1777. Pas aan het einde van zijn leven wordt het somber. Toen was al zijn vertrouwen vervlogen.

Aan het eind van de galerij voert de achtzijdige zaal 32 naar de zuidvleugel, waar je het oeuvre van de in 1799 tot hofschilder van Karel IV benoemde **Francisco de Goya y Lucientes** vindt. Het is interessant om *De Familie van Karel IV* nader te bekijken. Het contrast tussen de koninklijke kleding en de plompe gezichtsuitdrukkingen is opvallend. Op de achtergrond staat de hofschilder in eigen persoon. Goya, die geldt als voorloper van de moderne schilderkunst, overweldigt vanwege zijn veelzijdigheid en diepgang. Publiekstrekkers zijn de afbeeldingen van de hertogin van Alba, de 'naakte Maja', en, direct eronder te vinden, de 'geklede Maja' – maar met duidelijk een minder subtiele gezichtsuitdrukking.

Anders is de Goya van de tapijten, de vrolijke scènes en bonte rondedansen, die op de bovenverdieping worden getoond. Verder zijn er nog de doeken over de gevechten van de Madrilenen tegen Napoleons soldaten in het jaar 1808. En ten slotte kun je de Goya van de 'zwarte' visioenen *(pintura negra)* met doeken als *Heksensabbat* of *Saturnus verslindt een van zijn zonen* ontdekken – beneden op de begane grond.

... en veel kleine juweeltjes

De Italiaan **Rafael** domineert de galerij op de begane grond met zijn werk *De Kardinaal*. Op de Vlaamse en Duitse afdeling van de begane grond zijn topwerken te ontdekken als *De Tuin der Lusten* en *De zeven Hoofdzonden* van **Jeroen Bosch**, hier El Bosco genoemd, of *Adam en Eva* en een zelfportret van **Albrecht Dürer**, en van **Hans Baldung Grien** het tot nadenken stemmende *De drie leeftijden van de mens en de dood*.

Het noordelijke deel van de begane grond toont vooral religieuze kunst, een aantal gotische

O OVERIGENS

De **Mona Lisa** in het Prado? Ja, dat klopt, in zaal 56B op de benedenverdieping. In elk geval heet het werk hetzelfde: Mona Lisa. Het stamt van een leerling van Leonardo da Vinci, werd in 1509-1513 voltooid en is een kopie van het beroemdste oude schilderij in het Louvre in Parijs. Er zijn kleine verschillen, zoals het landschap op de achtergrond van het vrouwenportret dat niet af is. Maar de glimlach is uniek op de hele wereld, de glimlach van de Mona Lisa ...

Het Prado biedt een overweldigende hoeveelheid kunst. En wat heerlijk dat je over de gladde vloeren bijna langs de beelden en sculpturen zweeft.

altaarstukken en drieluiken. Betoverend zijn hier de **romaanse fresco's**.

Het Prado

OM DE HOEK

De kerk **Iglesia de San Jerónimo el Real** 3 (ma.-za. 10-13, ca. 17.30-20, zo., feestdagen 9.30-13.30/14.30, 17.30/18-20 uur) is het restant van een hiëronymietenklooster uit 1503. De kruisgang werd in het Pradomuseum geïntegreerd, boven in het nieuwe Edificio de los Jerónimos. In het 'koninklijke' godshuis werden de koningen van Spanje gekroond. Felipe VI is echter bewust van deze ceremonie afgeweken.

Heuvelopwaarts bereik je het in 1631 onder Filips IV aangelegde en tijdens de Onafhankelijkheidsoorlog door de Fransen verwoeste **Casón del Buen Retiro** 4, een deel van het koninklijk zomerpaleis, waartoe ook het aangrenzende stadspark El Retiro behoorde.

Tot de fraaie musea aan de Paseo del Prado behoort het schuin tegenover het Prado gelegen **Museo Thyssen-Bornemisza** 5. Het betreft een van de meest waardevolle privécollecties ter wereld, bijeengebracht door baron Hans Heinrich Thyssen en zijn vrouw Carmen Thyssen-Bornemisza. In de mooie zalen van het Palacio de Villahermosa wandel je door de geschiedenis van de schilderkunst van 13e tot de 20e eeuw, van vroege Italiaanse kunst tot experimentele avant-garde en popart (► blz. 81).

Het jonge, bonte Madrid – **Lavapiés**

#6

Het metrostation uit – een kosmopolitische wijk in. Lavapiés was ooit de barrio van de gewone mensen waar de bewoners dicht op elkaar leefden, ongeveer zoals in een dorp. Ondertussen is het de jongste en vitaalste stadswijk van Madrid. Alternatieve vormen in de cultuur en het stedelijke leven worden hier geboren en ontwikkeld.

Zo'n 45.000 mensen, honderd naties, bijna één op de drie inwoners heeft een migratieachtergrond. Naast Spaans hoor je hier allerlei andere talen. In de Madrileense migrantenwijk slaan de nieuwkomers zich er met winkeltjes of ambulante handel doorheen. Ook de jonge Madrilenen in de *barrio* zoeken met kleine commercie hun weg uit de crisis – boekwinkels, miniboetieks, cafés, ecowinkels, kunstnijverheid – en een nieuwe generatie cultuurscheppers probeert het in theaters en galeries. Tegelijkertijd is de gentrificatie van de wijk al begonnen.

In Lavapiés doet iedereen wat hij wil – en 's avonds ontmoet iedereen elkaar op het plein bij de Escuelas Pías de San Fernando. Lekker praktisch: gelijk om de hoek staat de nieuwe hotspot van de wijk, de markthal San Fernando.

Het plein moet blijven, de groenten ook.

E
ESTA ES

Esta es una plaza! – Dit is een plein! In de **Calle Doctor Fourquet 24** 5 strekt zich achter een met graffiti versierde muur een wild, landelijk terrein uit. Dit gebied hebben de *vecinos*, de buren, na de sloop van een paar vervallen huizen gelijk in bezit genomen. Nu verdedigen ze hun territorium tegen alle ambities om de kostbare grond weer te bebouwen. Want voor de *vecinos* is het plein ook kostbaar, hier groeien groenten en bloemen, ontmoet de jeugd elkaar, kunnen kinderen spelen. Er wordt toneel gespeeld en muziek gemaakt. Info: estaesunaplaza.blogspot.com.es, meestal 's middags en in het weekend geopend.

Epicentrum

De driehoekige Plaza de Lavapiés is een bedrijvig plein waar de multiculturele bevolking van de *barrio* zich laat zien.De **Calle de Lavapiés** en zijn stoepen zijn het domein van de Indiase restaurants. Verfraaide gevels, waarachter zich veel gebouwen uit de 17e-19e eeuw verbergen, omzomen alle hoog naar de schrijverswijk leidende wegen. Het oude **Nuevo Café Barbieri** 1 met zijn honderdjarige interieur is bijna decadent en ook daarom een populair ontmoetingspunt.

In het moderne betonblok van het **Teatro Valle-Inclán** 1 vind je een van de beste theaters van Madrid, het Centro Dramático Nacional. Het **Teatro del Barrio** 2 in de Calle Zurita toont dat bij het alternatieve toneel grote podia nodig zijn. In dit 'buurtheater' stelde op 1 januari 2014 de linkse Spaanse partij Podemos zich voor het eerst in het openbaar voor met haar programma.

De 'woonkamer' van de *barrio* is de **Calle Argumosa** 3, met uitnodigende trottoirs onder schaduwrijke bomen, vol met tafels en stoelen van een kleurrijke gastro- en kroegenscene. Het 'Strand van Lavapiés', zo noemen de Madrilenen de boulevard.

De straat leidt heuvelafwaarts naar het Centro de Arte Reina Sofia (▶ blz. 45) en het is misschien deze nabijheid tot de grote hedendaagse kunst die aan de bovenkant van de **Calle Doctor Fourquet** 4 jonge galeries als paddestoelen uit de grond liet schieten.

Corralas en ruïnes uit de Burgeroorlog

Zo woonde men ooit in Lavapiés: de **Corralas** 6 bestaan uit compacte huurwoningen rond een binnenplaats, met ingangen in de galerijen eromheen en een bron op de patio. Nu zijn de oude corralas bijna allemaal verdwenen, maar aan de Calle Mesón de Paredes staan nog resten van dit huizentype uit de 18e eeuw.

Het plein van de bovenste corrala werd genoemd naar de schrijver Arturo Barea, die uit Lavapiés kwam en een paar jaar tegenover de Escuelas Pías de San Fernando naar school ging. In zijn trilogie *La Forja de un rebelde* (De rebellensmederij) beschrijft hij het leven in deze buurt van arbeiders en armen. Tijdens de dictatuur moest Barea het land verlaten, hij stierf in 1957 in ballingschap.

INFO EN OPENINGSTIJDEN

La Tabacalera 10: Embajadores 53, www.latabacalera.net, ma.-vr. 18-23, za., zo. 12-23 uur
La Casa Encendida 11: Ronda de Valencia 2, www.lacasaencendida.es, di.-zo. 10-22 uur
Nuevo Café Barbieri 1: Ave María 46, cafebarbieri.es, zo.-do. 8-1, vr., za. 9-2 uur

Eten en drinken

Het kleine, fraai betegelde **El Boquerón** 1 (Valencia 14, ma., di., do.-za. 12-16, 19-23, zo. 12-16 uur, aug. gesloten) is een klassieker in de *barrio*. De gamba's en zeevruchten zoals oesters, eendenmosselen en krabben zijn vers en niet duur De moderne gastronomie heeft ook in **Portomarín** 2 (Valencia 4, dag. 8-24 uur) nog niet toegeslagen. De Galicische traditionele gerechten zijn nog steeds zo geliefd, dat je in het gezellig drukke weekend je eigen woorden niet meer verstaat. De dames van **Alabanda** 3 (Miguel Servet 15, www.tabernaalabanda.com, di.-do. 14-1, vr., za. 12-1.30, zo. 12-24 uur), leggen zich toe op goede ingrediënten, eigen gerechten en vegetarische specialiteiten. Soms is er ook livemuziek, bijvoorbeeld zondag om 15 uur.

MARKTHALLEN EN MEER

De **Mercado de San Fernando** 1 op de hoek Tribulete/Embajadores heeft zich de afgelopen jaren ontwikkeld tot een hotspot van de alternatieve cultuur, met biologische winkeltjes, boekwinkels, cafés en kunstnijverheid. Zondagmiddag zijn er liveoptredens met onder andere theater en muziek (www.mercadodesanfernando.es, ma. 9-14, 17-21, di.-do. 9-21, vr., za. 9-23, zo. 11-17 uur). Spaanse delicatessen, bioproducten en liefdevol gedreven eettenten vind je ook in de **Mercado de Antón Martín** 2 (Santa Isabel 5, www.mercadoantonmartin.com, ma.-vr. 9-21, za. 9-15 uur).

Uitneembare kaart D/E 7/8 | **Metro** L3 Lavapiés

Van de **Escuelas Pías de San Fernando** 7 uit de 17e eeuw is een ruïne overgebleven. Republikeinse Madrilenen hebben de kerk in 1936 in brand gestoken, uit woede over de geestelijken, die met de fascistische generaal Franco sympathiseerden. Pas in 2006 werd de herinnering aan de Burgeroorlog nieuw leven ingeblazen. In het souterrain is nu de mooie bibliotheek van de Open Universiteit UNED ondergebracht. Het is een bijzondere ervaring om in deze ruimtes te lezen en te studeren. Een monument op het plein voor de kerk eert de Mexicaanse componist **Agustín Lara** 8. Met zijn lied *Madrid, Madrid, Madrid* heeft hij de harten van de Madrilenen veroverd. Ze houden zo veel van hem, dat ze hem soms een muts opzetten, soms een sjaal omhangen …

Bij Mesón de Paredes werd in 2014 een plein naar **Nelson Mandela** 9 genoemd. Misschien houden zich daarom juist hier veel Afrikanen uit Lavapiés op.

O
OVERIGENS

Lavapiés betekent voetenwassen – waarom is onduidelijk. Bevond zich op het voetenwasplein ooit een bron, waarin mensen hun voeten wasten? Of deden ze dat in de kleine geulen, waardoor het huishoudelijk afvalwater de heuvel afstroomde voor er riolering was? Naar Lavapiés trokken vooral migranten uit de Spaanse provincies, die in de stad een inkomen zochten. Net als tegenwoordig mensen uit de hele wereld.

Centra van de alternatieve cultuur

Heel Lavapiés schijnt een eigen, alternatieve cultuur te leven. In geconcentreerde vorm is dat te ervaren in de oude tabaksfabriek, **La Tabacalera** 10. Dit industriële monument uit de 17e eeuw met meerdere binnenplaatsen, dat een heel huizenblok omvat en door een met graffiti bespoten muur van de Calle Miguel Servet is gescheiden, wordt gedeeld door de Madrileense raad van cultuur en de alternatieve scene. Het heuvelop gelegen deel biedt 'ordelijke' tentoonstellingen van fotokunst – in donkere werkplaatsen en gangen en alleen al door de locatie indrukwekkend. Het onderste deel is een soort bezet complex, waar de ruimtes voor muziek, theater, workshops, *urban gardening* en het eenvoudige leven worden benut. In het weekend is het hier vaak fiësta. De toegang is natuurlijk gratis!

Sociaal en politiek geëngageerd is het culturele centrum **La Casa Encendida** 11, genoemd naar een gedicht van de schrijver Luis Rosales. Belangrijke thema's zijn hier globalisering, solidariteit, gelijke behandeling en milieu. Er worden tentoonstellingen en concerten georganiseerd. Natuurlijk zijn er in het oude gebouw een fairtradewinkel en een café; in de zomer is het dakterras geopend.

Ook blauwe haren horen bij Lavapiés. Tenminste in de scene van de non-conformisten en jonge kunstenaars. Ze tonen dit op de muurschilderingen van de Calle Miguel de Servet.

Tempel van moderne kunst – **Centro de Arte Reina Sofía**

#7

Een ambitieus kunstcentrum, waar de kunst van de 20e en 21 eeuw als een tijdreis wordt gepresenteerd. Bovendien zijn er telkens weer spannende tentoonstellingen. Je vindt hier niet alleen schilderijen, maar ook films, video-installaties, posters, krantenartikelen… En een bedevaartsdoel: Picasso's schilderij Guernica.

Alleen de glazen liftschachten van de hoofdgevel verluchtigen een beetje de klassieke strengheid van het stadsziekenhuis uit 1781. In de lange gangen en witte zalen rond een binnentuin zie je nu kunst in plaats van ziekenhuisbedden. De aanbouw door Jean Nouvel rond een binnenplein met een sculptuur van Roy Lichtenstein is licht,

Artistieke bouwkunst… Voor Roy Lichtenstein, achter Jean Nouvel.

INFO EN OPENINGSTIJDEN

MNCARS 1: Santa Isabel 52, www.museoreinasofia.es, ma., wo.-za. 10-21, zo. 10-19 uur, € 8/4, ma., wo.-za. vanaf 19, zo. vanaf 13.30 uur gratis, combikaartje 'Paseo del Arte' ca. € 30

ETEN EN DRINKEN

Restaurants en cafés vind je in het museum en op het voorplein, dat zich overigens bij zonsondergang vult met mensen uit de wijk. Dan spelen hier kinderen, terwijl de ouders kletsen. De avant-gardistische inrichting van café-restaurant **NuBel** 1 is een lust voor het oog, die zich op de binnenplaats met de sculptuur van Roy Lichtenstein voortzet. De dranken variëren van koffie tot cocktails., eten kun je er de hele dag, 's avonds draaien er dj's of is er livemuziek (Edificio Nouvel, ingang Calle Argumosa 43, www.nubel.es, dag. 9 tot middernacht en langer). Romantische *azulejo*-motieven sieren de gevel van de **Bodegas Rosell** 2 (General Lacy 14, www.bodegasrosell.es, di.-za. 12-16.30, 19-24, zo. 12– 16.30, juni, juli, sept., okt. ook ma. 19-24 uur, aug. en Goede Week gesloten), een voormalige wijnhandel die nu een restaurant is waar bij wijn of vers getapt bier uit meer dan vijftig verschillende tapas en *raciones* gekozen kan worden.

BOEKEN IN HET VOORBIJGAAN

Niet alleen voor boekenliefhebbers interessant is de autovrije **Cuesta de Claudio Moyano** 1. De straat leidt van de botanische tuin langs het artistieke smeedijzeren hek van het ministerie van Landbouw en rustieke houten boekenkiosken.

Uitneembare kaart F/G 7/8 | **Metro** L1 Atocha, Atocha-Renfe

transparant en ruim. Zo zijn de gebouwen een spannende dialoog van oud en nieuw.

O
OVERIGENS

Het **MNCARS** 1, een afkorting van het Museo Nacional Centro de Arte Reina Sofía, past perfect in dit stadslandschap. Het ligt op het kruispunt van de alternatieve cultuurwijk Lavapiés en de Madrileense kunstboulevard Paseo del Prado.

Utopieën en conflicten

De permanente collectie van het museum vind je op de 2e en 4e verdieping, en in twee zalen van het Nouvelgebouw. Schilderijen, foto's, films en documenten uit de 20e eeuw worden in een verhalende ruimte bij elkaar gepresenteerd om de kunststromingen in hun sociaal-culturele context te plaatsen. Op de 2e verdieping maak je kennis met de baanbrekende kunststromingen uit de eerste helft van de 20e eeuw, met het kubisme, constructivisme en surrealisme, en internationaal vermaarde Spaanse schilders als Juan

Gris, Joan Miró, Salvador Dalí en Pablo Picasso. Je ziet er werk van de Catalaanse kunstenaar Joan Miró (1893-1983), die met zijn onderscheidende beeldtaal motieven reduceerde tot symbolische elementaire delen. Uitgebreid aan bod komt ook zijn landgenoot Salvador Dalí, wiens naam onlosmakelijk is verbonden met het surrealisme. Hij was de schilder van ontbindende materie, angstwekkende, misvormde figuren en objecten die uit een andere wereld lijken te komen.

Nooit meer oorlog!

Met de *Guernica* en diverse gedetailleerde voorstudies voor dit belangrijke werk van Pablo Ruiz Picasso (1881-1973) vormt zaal 206 het hoogtepunt van het kunstcentrum. De in Malaga geboren kunstenaar maakte de *Guernica* als opdrachtwerk voor het Spaanse paviljoen op de Parijse Wereldtentoonstelling van 1937. Picasso noemt dit grote doek zijn enige bewust politieke werk. Het ontstond naar aanleiding van de hevige gevechten tijdens de Burgeroorlog en het bombardement op de kleine Baskische stad Guernica, die door het Duitse Condorlegioen op 26 april 1937 in de as werd gelegd – een actie ter ondersteuning van de latere dictator Francisco Franco.
Het schilderij is een protest tegen de oorlog. Met filmfragmenten, affiches, foto's en kunstwerken scheppen de zalen een kader voor de periode van de Burgeroorlog. Ook hangen hier detailstudies voor het monumentale werk. Dit, zo had de kunstenaar besloten, mocht pas na Franco's dictatuur naar Spanje terugkeren. En aldus geschiedde.

O OVERIGENS

Salvador **Dalí**, Luis **Buñuel** en Federico García **Lorca** leerden elkaar in Madrid kennen en sloten er vriendschap. Dalís schilderkunst, vroege films van Buñuel en zelfs Lorca's gedichten zijn in de zalen 203-205 vriendschappelijk verbonden. Je kunt er even gaan zitten en de film *De Andalusische hond* bekijken – het draaiboek ervoor zou de filmmaker samen met Dalí binnen twee weken hebben geschreven. Een andere Buñuelfilm, *Land zonder brood*, wordt getoond in het *Guernica*-gedeelte en documenteert op aangrijpende wijze de armoede van de Spaanse plattelandsbevolking aan het begin van de Burgeroorlog in 1936.

Een scenario alsof er een bom is ingeslagen. Picasso's schilderij Guernica, helemaal gereduceerd tot de kleuren zwart, grijs en wit, geeft een beeld van de bestialiteit van de oorlog. Doden, stervenden, schreeuwende mensen, dit schilderij gaat onder je huid zitten.

De trappen aan de achterkant: Jean Nouvel wist al hoe de gevel aan de Ronda de Atocha kon worden geïntegreerd.

Kunst uit de naoorlogse periode

Op de 4e verdieping tonen schilderijen en objecten hoe de kunst zich na de oorlogen ontwikkelde. Veel recent werk op het gebied van schilderkunst, beeldhouwkunst, fotografie en film, uit Spanje en daarbuiten. Verder omvat het programma anti-Franco-affiches en zelfs de film *Rear Window* van Alfred Hitchcock. De kunst uit Noord- en Zuid-Amerika is goed vertegenwoordigd, en verder vind je er werk van Francis Bacon, Jean Dubuffet, Vassily Kandinsky, Paul Klee en Henry Moore. Opvallende Spaanse kunstenaars zijn Antonio Saura en Antonio Tàpies. De laatste werd bekend om zijn 'materiaalschilderijen' met jute, hout, draad, zand en olieverf. Internationaal bekendheid verwierf ook de Baskische beeldhouwer Chillida, van wie ijzeren beelden opgesteld staan. Twee zalen in het Nouvelgebouw zijn gewijd aan de jaren 60 en de postmodernen. De kunst is een afspiegeling van de politieke en maatschappelijke bewegingen, zoals de studentenrevolte en het feminisme. En veel alternatieve experimenten van happenings tot underground.

OM DE HOEK

Tegenover het museum zie je de jugendstilgevel van het **Estación de Atocha** 2, gebouwd rond het eind van de 19e eeuw. De lange bakstenen tunnel wordt niet langer als station gebruikt – het is nu een tropische wintertuin. Erachter ligt het nieuwe stationsgebouw, ontworpen door Rafael Moneo. In het station Atocha pleegden moslimfundamentalisten op 11 maart 2004 een aanslag op volle forenzentreinen. De **Homenaje a las Víctimas del 11 de Marzo** 3 herdenkt de 192 slachtoffers (di.-zo. 11-14, 17-19 uur).

Even bijkomen – stadspark El Retiro

#8

Een goed onderhouden park waar de Spaanse koningen zich vroeger amuseerden. Een relaxte sfeer, met in de winter een aangenaam zonnetje en in de zomer schaduwrijke plekjes. Het goede leven en entertainment: jongleurs, muzikanten, handlezers, masseurs, wandelaars, verliefde stelletjes, joggers en baasjes met hun hond.

Sinds de koninklijke tuin El Retiro (*retirar*, zich terugtrekken) een openbaar park is geworden, kan de hele stad zich hier komen ontspannen. Madrids stadspark speelt in het stedelijke leven een belangrijke rol. Het wordt beschouwd als een soort gemeenschappelijke tuin. Het is een aanrader om, op zijn minst één keer, langs de hoofdlaan, de Paseo del Salón Estanque, te wandelen en over het meer uit te kijken.

Het meer in het Retiropark kan zo mooi zijn in de zon. Maar pas als het donker wordt komt iedereen: de verliefde stelletjes en de wanna-be-lovers. En altijd kijken de leeuwen toe.

Met zijn 120 ha groen maakt het Retiro het leven in de stad een stuk aangenamer. Van 1631 tot 1635 had Filips IV op het terrein de zomerresidentie Palacio del Buen Retiro laten aanleggen, die begin 19e eeuw grotendeels werd verwoest tijdens de Onafhankelijkheidsoorlog. Nadat in 1873 de Eerste Spaanse Republiek was uitgeroepen, werd het terrein opengesteld voor publiek.

Rond het meer

Het centrum van het park is het kunstmatige meer, het **Estanque** 1, dat voor vaartochtjes wordt gebruikt. De zonnebril dragende bezoekers van de *kioskos* kijken, nippend aan een *granizado* of een *cafe con leche*, naar de rondroeiende stelletjes en gezinnen. Een populaire plek om van de zon te genieten zijn de granieten banken in de zuilengalerij rond het **monument voor Alfons XII** 2 en de trap aan zijn voeten. Ondertussen beklimt menigeen het dak. Boven bevindt zich een uitkijkplatform. Let op, hier zijn soms zakkenrollers actief.

Driefonteinenroute

Het Retiro kent prachtige fonteinen. De eindpunten van de Paseo Salón del Estanque worden gemarkeerd door de **Fuente de los Galápagos** 3 – met waterspuwende padden, schildpadden en dikbuiken die worstelen met dolfijnen – en de mooie **Artisjokfontein** 4 die onder Karel III werd aangelegd, een ode aan de genezende kracht van planten. De hoofdlaan door het Retiropark leidt naar een zeer fraaie maar ook curieuze fontein die wordt gezien als een hommage aan de duivel: de **Ángel Caído** 5, de 'Gevallen Engel', een werk van Ricardo Bellver, stelt de verdrijving van Lucifer uit het paradijs voor. Ricardo Bellver, die de figuur in 1885 schiep, liet zich inspireren door John Miltons *Paradise Lost*. De Madrileense geestelijkheid wond zich destijds zeer op over de sculptuur – te meer omdat het op precies 666 m hoogte staat: Je weet wel, het getal van de antichrist uit de openbaring van Johannes.

Kunst in het stadspark

Alleen al vanwege de architectuur, duidelijk geïnspireerd door de neomudejarstijl, en vanwege de ligging tussen oude bomen aan een kleine vijver

O
OVERIGENS

Kan de liefde vuil zijn? Madrilenen houden van het **Estanque** met zijn 55.000 m³ water, midden in Madrid, midden op de dorre, droge Spaanse hoogvlakte. Ze houden er werkelijk van. Maar toen het meer in 2001 tot op de bodem werd schoongemaakt, kwamen er 192 stoelen, 41 tafels, 40 boten, 20 pallets, 9 houten banken, 3 afvalbakken, 50 mobiele telefoons, een kauwgomballen-automaat, verscheidene winkelwagentjes, parasolstandaards, diverse vleesmessen, een kluis zonder inhoud plus enkele urnen aan het licht. Urnen? Misschien zijn mensen die bij een laatste roeipartij met de geliefde overledene gewoon verloren? Ach, de liefde kan zo vuil zijn…

is het de moeite waard om een stukje te lopen naar het **Palacio de Velázquez** 6 en **Palacio de Cristal** 7 uit de 19e eeuw. In beide gebouwen, maar vooral in het 'Glaspaleis', zijn geregeld tentoonstellingen van hedendaagse kunst, georganiseerd door het Centro de Arte Reina Sofía, want dit museum is met beide gebouwen verbonden.

Een heuvel van verdriet

In het **Bosque del Recuerdo** 8 bij het sportcomplex La Chopera herinneren 22 olijfbomen en 170 cipressen aan de slachtoffers van de terroristische aanslag van 11 mrt. 2004 (▶ blz. 48). Door het op een heuvel aangelegde 'Bos van de Herinnering' kronkelt een weg naar boven.

O
OVERIGENS

Wat voor een boom! De **Ahuehuete** 9 (Taxodium mucronatum) moet rond 1630 in de parterre van de onder Felipe V in Franse stijl aangelegde tuin geplant zijn. Hij is nu 25 m hoog, heeft de vorm van een kandelaar en is overigens de nationale boom van Mexico.

INFO EN OPENINGSTIJDEN

El Retiro: apr.-sept. 6-24, okt.-mrt. 6-22 uur
Botenverhuur: dag. 10 uur tot zonsondergang, voor 45 min. ma.-vr. € 6, za., zo., feestdagen € 8, met de op zonne-energie varende Barco Solar € 1,50/pers. voor ca. 15 min., 10-14, 16 uur tot zonsondergang

ETEN EN DRINKEN

Met de **Florida Retiro** 1 (Paseo República de Panamá 1, tel. 918 27 52 75, www.floridaretiro.com, dag. 10-24 uur) vierde een legende in 2017 haar wederopstanding. In de jaren 70 en 80 was het paviljoen aan de oostkant van het Retiro een instituut in het Madrileense nachtleven. Hier traden Charles Aznavour, Ray Charles, Plácido Domingo, Tina Turner en Liza Minelli op. Na een grondige renovatie ontvangen een restaurant en een tapasbar, met overigens een fraai terras, weer hun gasten. En op vrijdag- en zaterdagavond zijn er shows en concerten in de Sala del Florida. Uit de 18e eeuw stammen op het terrein nog de resten van een watermolen, die het meer en de kleine beek in het park van water voorzag.

Wie zin in tapas en zeevruchten heeft, gaat verder naar **La Castela** 2 (Doctor Castelo 22, tel. 915 73 55 90, metro: L 9 Ibiza, L 2 Príncipe de Vergara, www.restaurantelacastela.com, bar ma.-za. 12-16.30, 19.30-23.30, zo. 12-16.30 uur, restaurant vanaf 14 resp. 21 uur). De mooie bodega, vroeger een wijnhandel, serveert smakelijke *raciones*. De bar met zijn oude tegels en zinken toog is erg charmant.

Uitneembare kaart G/H 5-7 | **Metro** L1 Atocha, Atocha-Renfe, L2 Retiro, L9 Ibiza

\# 9

De wijk van de noblesse – **Salamanca**

Zin in fancy jurken en mooie pakken? Na alle oude stadswijken, waar het er ongedwongen en onconventioneel aan toe gaat, straalt Salamanca een gedegen welvaren uit. Het betere Madrid: je ziet het, je voelt het. Op straat, in restaurants, bij het winkelen…

Hier wonen is duur. Je ziet het aan de elegante gevels, geweldige houten portalen en smeedijzeren balkons. In het roostervormige stratenpatroon heerst overal een geordende en schone sfeer. De vanaf de 19e eeuw ontstane wijk Salamanca voldeed aan de behoeften en hoge levensstijl van de bourgeoisie en adel – en doet dat tegenwoordig nog steeds. Dus opgelet – hier liggen de meest luxueuze winkelstraten van Madrid: de Serrano, Claudio Coello en Ortega y Gasset.

Ja, ja, aan Cartier kun je ook voorbijgaan en je op het echt belangrijke concentreren: de zon en je vriendin.

Boulevard van de literaire cafés

De **Paseo de Recoletos**, in het verlengde van de Paseo del Prado, toont dat samengaat wat niet samenpast: een drukke verkeersader, elegantie uitstralen en zelfs voetgangers en fietsers plaats verschaffen. Loop of rijd met de fiets over de flaneerzone, dan merk je het. Je passeert twee historische literaire cafés, namelijk de terrassen en paviljoens van **Gran Café Gijón** ❶ (nr. 21) en **Café del Espejo** ❷ (nr. 31). In het uit 1888 stammende Gijón hebben generaties dichters en schrijvers hun drankje gedronken en voor het oude 'Spiegelcafé' met zijn jugendstilinterieur geldt hetzelfde. Dit soort koffiehuizen waren in Madrid ontmoetingsplaatsen van de culturele scene en debatteerclubs *(tertulias)* – en ze zijn tot laat op de avond geopend. Laat je door de deftig aangeklede obers bedienen, op de een of andere manier hebben ze de tijd weten te trotseren. Al snel krijg je een idee wat Salamanca zo bijzonder maakt...

Aan de andere kant van de straat ligt het paleis van de marqués de Salamanca, initiator van de gelijknamige wijk. Het gebouw behoort nu tot de **Bank BBVA** 1. In het enorme neoklassieke complex ernaast, uit de tweede helft van de 19e eeuw, bevindt zich de **Nationale Bibliotheek** 2. De trap naar de ingang behoort tot de mooiste van de hele stad.

Columbus en de Dame van Elche

Daar staat hij hoog boven het verkeerseiland van de Plaza de Colón, op een sokkel uit 1885. De auto's gieren tegenwoordig rond het **Monument van Christoffel Columbus** 3, die zelf meer op het water thuis was. Met drie karvelen zeilde de ontdekkingsreiziger, die hier Cristóbal Colón heet, over de oceaan naar het westen en ontdekte... Amerika? Nee hoor, alleen het Caribisch gebied. Hij vertrouwde de nieuwe theorie dat de aarde rond zou zijn en wilde door zijn expeditie een kortere zeeweg naar Indië vinden. Zou Spanje zonder hem ook de grote koloniale macht zijn geworden? Het rijk waar de zon nooit onderging?

In de **Jardines del Descubrimiento** 4 ('Ontdekkingstuinen') symboliseren drie reusachtige betonblokken de schepen waarmee Columbus

O
OVERIGENS

Geweldig gespeculeerd heeft de man die halverwege de 19e eeuw de elegantste wijk van Madrid aan de man bracht: de marqués José de Salamanca y Mayol. Daarbij had hij de beste contacten met de corruptste beleidsmakers in de politiek, financiële wereld en rest van de maatschappij. Speculaties kunnen echter ook verkeerd aflopen, de markgraaf heeft zich in elk geval in de letterlijke zin van het woord verrekend en ging failliet. Zijn eigen verblijf aan de Paseo de Recoletos nr. 10 moest hij in 1876 weer verkopen. Wat bleef is zijn naam voor de nieuwe stadswijk. Overigens is een vierkante meter woonruimte nergens in Spanje zo duur als hier.

► INFO

Raadpleeg voor de Madrileense fietspaden www.madrid.es/oficinadelabici. Salamanca laat zich goed op de fiets verkennen. We stellen deze route voor: Paseo de Recoletos – Jardines del Descubrimiento – Calle de Serrano in noordelijke richting (fietspad), retour langs de groene middenstrook van Castellana of door de Calle de Lagasca. Fietsverhuur: ► blz. 112.

INFO EN OPENINGSTIJDEN

Museo Arqueológico Nacional (MAN) 5: Serrano 13, metro: L2 Retiro, L4 Colón, www.man.es, di.-za. 9.30-20, zo., feestdagen 9.30-15 uur, € 3/1,50, za. vanaf 14 uur en zo. gratis
Fundación Lázaro Galdiano 7: Serrano 122, www.flg.es, metro: L 5 Rubén Darío, L 7, 10 Gregorio Marañón, di.-za. 10-16.30, zo. 10-15 uur, deels feestdagen gesloten, toegang: € 6/3, 1 uur voor sluiting gratis
Adolfo Domínguez 1 opent zoals de meeste modezaken in de Serranobuurt ma.-za. 10/11-20.30/21, deels ook zo. 11/12-20 uur.

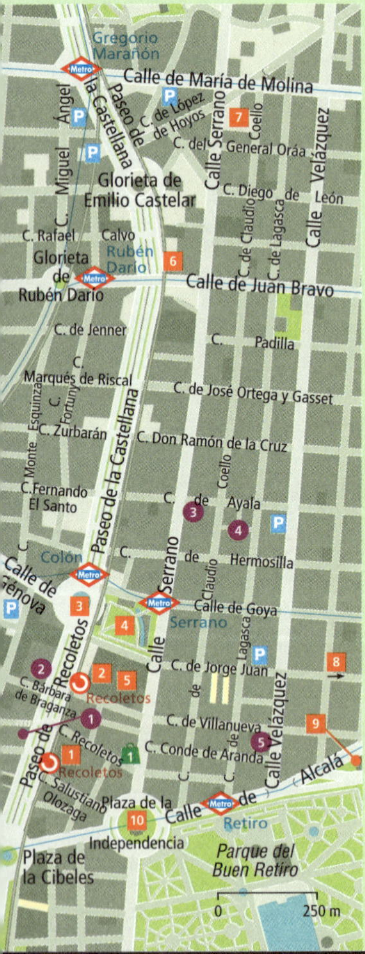

Uitneembare kaart F–H 1–5 | **Metro** L2 Retiro, L4 Serrano

ETEN EN DRINKEN

Gran Café Gijón 1: Paseo de Recoletos 21, dag. 8-1.30/2 uur
Café del Espejo 2: Paseo de Recoletos 31, ma.-vr. 8-24, za., zo. 10-24 uur
Gourmet Experience/StreetXo 3: Corte Inglés, Serrano 52, metro: L 4 Serrano, 7e verdieping, keuken 13-17, 20.30-24, vr., za. tot 2 uur, levensmiddelenafdeling ma.-za. 10-22, zo., feestdagen 11-21 uur
Mercado de la Paz 4: Ayala 28 en Lagasca 47, www.mercadodelapaz.com, ma.-vr. 9-14, 17-20.30, za. 9-14, **Casa Dani** ma.-za. 7-18.30 uur
BumpGreen 5 **(Velázquez 11, metro:** L 2 Serrano, www.bumpgreen.com, ma.-vr. 9-24, za. 10-24, zo. 10-18 uur), een restaurant, café en winkeltje in één, toont dat de slowfoodbeweging Salamanca heeft bereikt. De voor Salamanca karakteristieke hoge ruimtes zijn in vintagestijl gemeubileerd en ingericht. De jonge crew legt zich toe op biologische producten, duurzaamheid en en regionale herkomst. Ook vegetariërs en veganisten komen hier aan hun trekken.

in 1492 op weg ging. De ingemetselde reliëfs en inscripties tonen scènes uit de ontdekkingsgeschiedenis. Het monument werd in 1992 gemaakt door Joaquín Vaquero Turcios.

Nog verder terug in de Spaanse geschiedenis ga je in het **Museo Arqueológico Nacional** 5. Het Nationaal Archeologisch Museum documenteert de Spaanse cultuurgeschiedenis van de steentijd tot en met de 19e eeuw, op een heel beeldende manier. Vroege oosterse invloeden, Iberiërs, Romeinen, West-Goten, Arabieren, de christelijke cultuur. Een bezoek aan de **Dama de Elche**, een oosters aandoende vrouwenbuste uit de Iberische tijd (4e eeuw v. Chr.) is verplichte kost! Waarom ze de icoon van MAN is? Omdat ze gewoon ongelofelijk mooi is.

Dit is werkelijk kunst! De Dame van Elche kent verschillende gezichten, afhankelijk van de kijkhoek van de toeschouwer. Diepzinnig van opzij, verslagen, wreed van voren.

Zo chic is Salamanca

Hier vind je alle modeontwerpers van Spanje bij elkaar: Adolfo Domínguez, Pedro del Hierro, Purificación García, Loewe, Roberto Verino … Vrijwel alle grote Spaanse modehuizen presenteren zich direct aan het begin van dit chique winkelgebied **Calle de Serrano**, tussen de Plaza de la Independencia en de Calle de Goya. Etalage na etalage, mooi, creatief, chic: kleren maken de man! ertussen de filialen van Camper en Zara, die aan de catwalk van de mode willen meeverdienen. **Adolfo Domínguez** 1 (nr. 5) heeft meteen maar een heel stadspaleis betrokken en toont daar op verschillend verdiepingen zijn creaties. Wie dat wil, kan helemaal boven in het pand ontbijten.

Lekker fietsen...

Tot de luxe van de wijk Salamanca behoort een fietspad langs de Calle de Serrano. Zoiets is niet overal in Madrid te vinden! Wanneer je met de fiets onderweg bent, moet je zeker even 2 km naar het noorden. Op de hoek van de **Calle Ayala** ligt rechts een filiaal van het warenhuis **Corte Inglés**, waar de delicatessenafdeling Gourmet Experience op de 6e en 7e verdieping om twee redenen de moeite waard is: vanaf het terras heb je een fraai uitzicht op Salamanca en **StreetXo** 3 (7e verdieping) biedt culinaire snacks van de jonge Spaanse sterrenkok David Muñoz – een soort sterrenstreetfood. Overigens heeft Muñoz in zijn restaurant DiverXo drie Michelinsterren verdiend.

En dan nu is alles gratis: een van de bijzonderste musea van Madrid vind je aan de kruising met de Calle Juan Bravo. Links gaat het via trappen naar de Paseo de la Castellana, en daar staan

Casa Dani in de Mercado de la Paz maakt niet alleen de beste tortilla, maar bakt ook de lekkerste ansjovisjes.

beschermd onder de straatbrug de sculpturen van het **Museo de Arte Público** 6. Met Eduardo Chillida, Joan Miró, Alberto Sánchez, Pablo Serrano, Martín Chirino en Julio González zijn hier grote Spaanse beeldhouwers vertegenwoordigd.

Een Salamancatour zou niet compleet zijn zonder een aantal van de exclusieve paleizen te bezichtigen, waarvan er hier zo veel staan. Daarvoor volg je de Serrano tot nr. 122. In de **Fundación Lázaro Galdiano** 7 heeft de in 1947 gestorven uitgever Lázaro Galdiano een van de belangrijkste privécollecties van het land verzameld. Zo voelt een luxueus, in een schitterende tuin gelegen paleis. Bijzonder indrukwekkend is de schilderijencollectie.

Vredesmarkt in de adelijke wijk

Er zijn twee manieren om op de fiets terug te keren: via de groene middenstrook van de Paseo de la Castellana of de eenrichtingsstraat **Calle de Lagasca**, twee parallelstraten ten oosten van de Serrano. De laatste leidt langs de **Mercado de la Paz** 4. De 'Vredesmarkt' zie je snel over het hoofd, ondanks de neonrode kleur. Hij ligt sinds 1943 verstopt tussen een huizenblok, heeft meerdere ingangen (Lagasca 47, Ayala 28) en is een combinatie van marktkramen, dienstverleners en bars. De beste *tortilla,* een aardappelomelet en de meest karakteristieke snack van Spanje, maakt **Casa Dani.**

Wanneer je tot besluit van de tocht nog de dwarsstraten in het onderste deel van de wijk Salamanca, zoals de Calle Jorge Juan, hebt verkend, zul je met een zucht zeggen: Wat is Salamanca toch mooi!

O
OVERIGENS

Hoe ziet de toekomstige stadsplanning van Madrid eruit? Hoge gebouwen in het centrum of in Salamanca – had je gedacht! Dus stap in **stadsbus 27**, die van de Paseo del Prado door heel Castellana rijdt. Voor de prijs van een buskaartje bezoek je de futuristische glazen paleizen aan de **Plaza de Castilla.** Stap hier uit (eindstation) en ga nog een beetje verder naar de torens van het **CTBA** (Cuatro Torres Business Area, bij de 'Vier Torens' moet in 2019 een vijfde komen). Het hoogste gebouw meet 250 m en werd ontworpen door Norman Foster. Je ziet het meestal al vanuit het vliegtuig bij de landing in Madrid.

OM DE HOEK

Met de fiets kun je ook gelijk nog een stuk naar het oosten rijden. De Calle de Jorge Juan leidt rechtstreeks naar een plein met de **Dolmen de Dalí** 8, een hommage van de kunstenaar aan Isaac Newton en zijn vrouw Gala. Dan brengt de Calle de Alcalá je terug naar het centrum, langs het **Casa Árabe** 9, een studiecentrum voor de Arabisch-islamitische wereld, en de triomfboog **Puerta de Alcalá** 10 (Plaza de la Independencia), die sinds 1779 de verlichte koning Carlos III eert.

‘Groot’ en bedrijvig – **Gran Vía**

#10

Stel je in op het nodige gedrang, of je nu overdag of ’s avonds gaat. De ‘Grote Straat’ is de etalage van de stad, een slagader vol winkels, fasfoodrestaurants, uitgaansgelegenheden, hotels – en vooral altijd barstensvol passanten.

Rond 1900 maakte Madrid een razendsnelle groei door en leek het noodzakelijk om de infrastructuur van het centrum te verbeteren met het oog op het toenemende autoverkeer. In Parijs had Baron Haussmann laten zien hoe zoiets ging: gewoon kaarsrechte sleuven door de bestaande bebouwing trekken. Vanaf 1910 werden voor de aanleg van de Gran Vía in totaal driehonderd huizen gesloopt. Het zou echter nog bijna een halve eeuw duren voordat de nieuwe weg aansloot op de Plaza de España. In de tussentijd verzonk Madrid in de Burgeroorlog. Duidelijk kun je hier zien hoe de architectuursmaak in de loop van drie bouwperioden veranderde.

Madrids beroemdste koepel met door bladgoud versierde krans en een vijf meter hoge gevleugelde Victoria bovenop bekroont de ronde toren van het Edificio Metrópolis. Het is de monumentale entree tot de Gran Vía. Op bouwdecoratie werd hier duidelijk niet bespaard.

O
OVERIGENS

Namen vertellen verhalen! Voordat hij vanaf 1981 daadwerkelijk zo heette, had de Gran Vía andere namen. Eerst werd hij naar politici genoemd, aan het begin van de Burgeroorlog naar de CNT, de belangrijkste anarchosyndicalistische vakbond. Iets later heette hij naar de projectielgrootte van de fascistische troepen 'Vijftienenhalf'. Na de Burgeroorlog eerde hij de stichter van de fascistische Falange, José Antonio. Daaraan deden de Madrilenen niet mee, ze spraken altijd van de Grote Straat.

O
OVERIGENS

Snel rijk worden? Waar tot 1924 de elitaire Industrie- en Handelsorganisatie van Madrid gevestigd was, kun je nu je geluk beproeven in het **Casino Gran Vía** 6. Of gewoon alleen zwelgen in de luxueuze sfeer van weleer. En de foto's over de geschiedenis van de stad en de straat bekijken (nr. 24, dag. 14-6 uur, alleen voor volwassenen, identiteitsbewijs tonen).

Maar nu naar het uitgangspunt in de Calle de Alcalá. Je begint bij de Puerta del Sol met het oude tolhuis, het **Casa de la Aduana** 1 uit 1769 met een schitterend barokportaal, en daalt af naar de mooie **Cybelefontein** 2, een icoon van de stad. De gevelrij met erkers, torentjes en figurencomposities boven op de daken is imposant: dit is de Madrileense bankenboulevard. Of voormalige bankenboulevard, want sinds de financiële crisis is er ook een luxehotel te vinden.

Een grandioos uitzicht

Precies tegenover het begin van de Gran Vía ligt de **Círculo de Bellas Artes** 3, een van de meest karakteristieke gebouwen uit Madrids belle époque. Deze in 1880 opgerichte vereniging voor schone kunsten organiseert lezingen en discussies, theater- en filmavonden, tentoonstellingen en carnavalsbals – en heeft een van de mooiste cafés van de stad. De plaatsen bij de ramen of op het terras geven een prachtig uitzicht op de altijd drukke Gran Vía. Een belevenis is een bezoek aan het dakterras, waar je in café **Tartán Roof** naast het massieve beeld van Minerva kunt ontspannen op loungebanken.

Flaneer- en winkelgebied

Bij de ronde toren van het verzekeringsgebouw **Edificio Metrópolis** 4 (1907-1911) werd niet op de bouwdecoratie bespaard. In het **Edificio Grassy** 5 ernaast vind je nog een van de luxezaken, die vroeger de hele straat omzoomden. De huidige bonte combinatie van filialen van bekende modeketens, fastfoodtenten en ambulante handelaren is minder voornaam, maar zeer levendig.

Het **Telefónicagebouw** 7 – het hoofdkantoor van het Spaanse telecombedrijf – dateert uit 1929 en was een van de eerste wolkenkrabbers in Europa. Het is duidelijk geïnspireerd op voorbeelden uit New York. Hiermee begint het tweede deel van de Gran Vía, dat vanaf 1922 werd gebouwd. Twee huizenblokken verder houdt het meerdere verdiepingen tellende modewarenhuis **Primark** 1 voortdurend een soort uitverkoop. Dit is de top van de massamodemarkt. Elke dag shoppen hier tienduizend mensen! Zelfs de dochters van Barack Obama hebben zich in 2016 in het gewoel gestort.

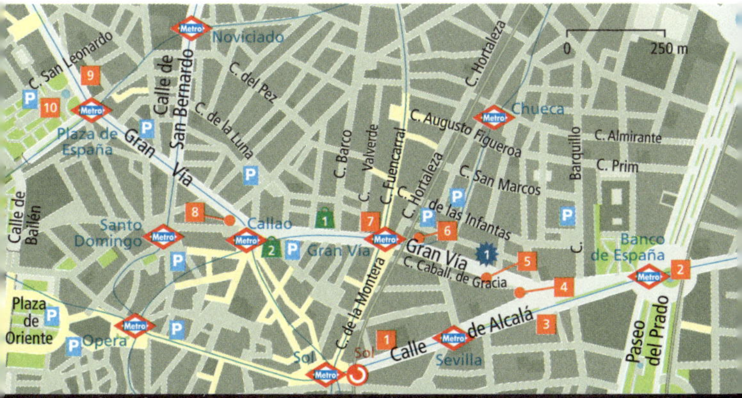

Uitneembare kaart C–F 4/5 | **Metro** L2 Sevilla, Banco de España, L1, L5 Gran Via

INFO EN OPENINGSTIJDEN

Círculo de Bellas Artes 3: Marqués de Casa Riera 2, www.circulobellasartes.com. Cafetería ma.-do. 8-1, vr.-zo. tot 3 uur, exposities di.-zo. 11-14, 17-21 uur, € 4, dakterras/Café Tartán Roof (www.azoteadelcirculo.com) ma.-do. 9-1.30, vr. 9-2.30, za., zo., feestdagen 11-1.30/2.30, in de winter tot ca. 21 uur, € 4, combi exposities/dakterras € 5

Winkels en warenhuizen: openingstijden van ca. 10-22 uur, kleine winkels sluiten soms om 20 uur.

ZODRA HET SCHEMERT

Dan is het uitzicht vanaf de 9e verdieping van warenhuis **Corte Inglés** 2 op de daken van Madrid en op de Gran Vía bijzonder mooi (Plaza de Callao, dag. 10-22 uur). In de gastrobars van de delicatessenafdeling **Gourmet Experience** koop je iets te eten of een drankje en je gaat daarmee naar een van de plaatsen aan het raam of naar het lange terras. Of je neemt een cocktail bij **Museo Chicote** 1, waar Hemingway al klant was (► blz. 106).

Rond de Plaza del Callao met het **Edificio Capitol** 8 uit 1933 concentreerden zich vroeger theaters en filmhuizen. De Gran Vía moest een soort Broadway van Madrid worden – de grootse bioscoopreclame herinnert nog aan deze legendarische periode.

Foto met muilezel

Het laatste, pas in de jaren 50 voltooide deel van de Gran Vía eindigt op de Plaza de España. Het **Edificio España** 9, waarvan de naam en bouwstijl herinneren aan de nationalistische trots uit de Francotijd, staat al jaren leeg. Inmiddels staat de verbouwing tot een hotel-zakencomplex op het programma. In ieder geval vormt het gebouw een perfecte achtergrond voor de fotoshoot van het **Cervantes**-monument 10.

Miguel de Cervantes troont boven een kleine vijver en kijkt naar zijn wereldberoemde romanfiguren Don Quijote, te paard, en Sancho Panza, op een muilezel. Haal je camera maar tevoorschijn. Dat doet hier immers iedereen!

11

Leef zoals je je voelt! – **Chueca**

Een van de straten van Chueca heet Vrijheidsstraat. In de Calle de la Libertad ontmoetten na het beëindigen van de dictatuur de radicale hervormingskrachten elkaar, naast de nachtbrakers. Nu staat de wijk voor vrijheid en tolerantie: een bonte scene van gays en lesbo's met kleine winkels, restaurants en kroegen.

De laatste jaren is hier veel gebeurd. De wijk met zijn oud-Madrileense gebouwen, de gevels uit de tweede helft van de 19e eeuw en de sierlijk gesmede balkonroosters zijn min of meer gesaneerd, veel straten werden voetgangersvriendelijk heringericht. In Chueca staan ontspannen wonen, werken en leven centraal, en dat merk je vooral op de Plaza de Chueca in het centrum van de *barrio*.

Muziek met een slokje erbij. In de Mercado de San Antón is de sfeer hip en de stemming goed. Geniet hier van een heerlijke pauze!

In het hart – Plaza de Chueca

De **Plaza de Chueca** met het metrostation Chueca is een trefpunt voor de gayscene van Madrid. Dit blijkt al uit de cafés, bars en restaurants rond het intieme plein, die zich met hun tafels en stoelen naar de straat hebben uitgebreid en waar je zo goed als het hele jaar buiten kunt zitten. De oeroude taverne **Ángel Sierra** 1 is zo prachtig dat iedereen er naar binnen wil. In het weekend vormen zich lange rijen wachtenden op straat. De romantische plafondfresco's, de houten toog, de oude tegels en de wijnvaten en rekken vol stoffige flessen maken van de Ángel Sierra een bijzondere taverne.

Schuin ertegenover liggen op een hoek van het plein twee van de oudste etablissementen van de Madrileense lesbo- en gayscene, pioniers voor de acceptatie van homoseksualiteit waar overigens iedereen welkom is: disco-café **El Truco** 2 en het mooi met putti ingerichte **Café Acuarela** 3.

Naar de Vrijheidsstraat

De weg naar de Calle de la Libertad leidt langs de **Mercado de San Antón** 1, een nieuw gebouw met een mix van markt- en eetkramen over drie verdiepingen plus dakterras. Je eet hier goed, in het weekend verzamelt zich hier een leger hongerigen. Pittoresk is de tegenovergelegen **Tienda de Vinos** 2, de oude 'wijnwinkel'. Achter de honderdjarige wijnrode houten gevel worden niet alleen wijn, maar ook Madrileense gerechten uit grootmoederstijd geserveerd. Lange tijd heette het huis in de stad alleen 'El comunista', de eigenaren waren links – net als de gasten …

Tussen alle etablissementen in de **Calle de la Libertad** ligt ook een van die typische cafés die zich snel ontwikkelden in het tijdperk na Franco en cultuur met marihuana en alcohol met protest vermengden: **Café Libertad 8** 4 op nr. 8. Een ontmoetingspunt van de culturele scene was altijd ook **El Bocaíto** 3 op nr. 6, misschien omdat de tapas in deze taverne ook Pedro Almodóvar zo goed smaakten.

Snuffelen in kleine winkels

Speedshoppers gaan naar de **Calle Fuencarral** 1 aan de westelijke rand van de *barrio*. Ze banen zich een weg van modezaak naar modezaak door

▶ INFO

Eind juni vindt een week lang het feest Madrid Orgullo plaats. Met name in Chueca heerst dan een feeststemming, tot in de vroege ochtend. Het was oorspronkelijk een evenement van de homoscene, ondertussen is het een groot feest van gays, lesbo's, bi- en interseksuelen, en een feest van de 'open deur naar diversiteit' *(puerta abierta a la diversidad)*. Raadpleeg **www.madridorgullo.com** (ook in het Engels) voor meer informatie.

L
LIBERTAD
8

Met 'vrijheid' verbindt je in de Calle de la Libertad vooral het **Café Libertad 8.** Het was na Franco's dood ontmoetingspunt van degenen die zich voor democratie en een nieuwe politieke en sociale cultuur inzetten. Wie uit een fascistische gevangenis werd vrijgelaten, ging eerst naar zijn vrienden in Libertad 8. In de jaren 80 was het café een ontmoetingsplek van de Movida Madrileña en nog steeds vinden er lezingen, concerten en kleinkunstoptredens plaats.

O OVERIGENS

Een priester pakt het serieus aan! Ángel García Rodríguez, die door iedereen El Padre Ángel wordt genoemd, heeft de **Iglesia de San Antón** in korte tijd veranderd tot een 'huis voor iedereen, 24 uur per dag'. Een revolutionair? Of een man die de woorden van de paus 'Een beetje barmhartigheid verandert de wereld, maakt haar vriendelijker en rechtvaardiger' met daden wil volgen? De kerk is dag en nacht toegankelijk voor behoeftigen, wanhopigen en zieken, geeft hen eten en drinken, troost en begeleiding. Padre Ángel is werkelijk een engel.

O OVERIGENS

Waar nu de UGT zit, draaide Pedro Almodóvar in 1983 zijn filmkomedie **Entre tinieblas**. Met reden. Het huis was ooit een klooster, waar geselecteerde hoeren werden ondergebracht. Ze moesten de 'Weg van de Zonde' verlaten en zaten eigenlijk gewoon gevangen. Daarom noemde men dit het Klooster van de Penitenten.

het voetgangersgebied dat naast het Telefónicagebouw van de Gran Vía afbuigt.

Ben je een schoenenfetisjist? Dan moet je naar de **Calle Augusto Figueroa** 2, de Madrileense schoenenstraat. Tientallen *muestrarios* tonen en verkopen de actuele modellen van Spaanse ontwerpers tegen acceptabele prijzen. De geest van de wijk vind je echter eerder in de zelfstandige winkeltjes van de **Calle Pelayo** 3. Daar kun je terecht voor bioproducten, geschenken, mode of kunstnijverheid, naast bars en tavernes.

Kerken, kloosters en ziekenhuizen

... zijn in Chueca voor sommigen een verrassing! De **Iglesia de San Antón** 1 biedt altijd en iedereen die er binnenkomt een toevluchtsoord – door een schitterend portaal van de Madrileense barokarchitect Pedro de Ribera. Bij deze openheid past de urn met – vermoedelijk – de relieken van de heilige Valentijn, die de beschermheilige van de geliefden is. Deze urn bevindt zich naast het schilderij *Laatste communie van San José de Calasanz* (kopie), dat Goya voor de kerk heeft geschilderd. Eigenlijk is de San Antón aan de beschermheilige van de dieren gewijd. En ieder jaar op 17 januari komen de Madrilenen hier in groten getale bijeen om hun geliefde vier- en tweevoeters te laten zegenen.

Een deur verder vind je de **Madrileense Architectenschool** 2. Vroeger stond hier een bij de San Antón horende kloosterschool, die in 1989 afbrandde. Bezoek de tuinachtige binnenplaats, waaraan verstopt café-restaurant **Bosco de Lobos** ligt. Ideaal voor een pauze!

Ook gevestigd binnen kloostermuren, namelijk uit de 16e eeuw, is de centrale van de socialistische vakbond **UGT** 3 (Unión General de Trabajadores), die zeker minder godvrezend is, maar net zo zeker enthousiast over het engagement van 'Pater Engel' aan de andere kant van straat.

In het geval van het nabijgelegen **Museo del Romanticismo** 4 hebben we nu eens niet te maken met een klooster, maar met een voormalig adellijk paleis. Dat past ook beter bij de stijlperiode van de romantiek. Tenslotte wees deze de werkelijkheid van de late 18e en vroege 19e eeuw met het utiliteitsdenken af. Het museumcafé past uitstekend in dit aura.

INFO EN OPENINGSTIJDEN

Winkel 1 – 3: De winkels in de straten Fuencarral, Augusto Figueroa, Pelayo etc. zijn van ca.10-20 uur open.
Museo del Romanticismo 4: San Mateo 13, museoromanticismo.mcu.es, di.-za. 9.30-18.30/20.30, zo., feestdagen 10-15 uur, € 3/1,50, za. vanaf 14 uur en zo. gratis
Museo de Historia 5: www.madrid.es/museodehistoria, di.-zo. 10-20, half juni-half sept. di.-vr. 10-13.45, 14.45-20, za., zo., feestdagen 10-19.30 uur, gratis
Mercado de Barceló 6: Barceló 6, ma.-vr. 9-14.30, 17.30-20, za. 9-14.30 uur
Iglesia de las Salesas Reales 8: General Castaños 2, dag. ca. 9-13, 17/18-20/21 uur
Taberna Ángel Sierra 1: Gravina 11, dag. 12-2 uur
El Truco 2: Gravina 10, di.-za. 20-5 uur
Café Acuarela 3: Gravina 10, www.cafeacuarela.es, dag. 14-2/3 uur
Café Libertad 8 4: Libertad 8, www.libertad8cafe.es, dag. ca. 17-2.30/3 uur
Mercado de San Antón 1: Augusto Figueroa 24, www.mercadodesananton.com, dag. 10-24 uur
Tienda de Vinos 2: Augusto Figueroa 35, ma. 13.30-16, di.-za. 13.30-16, 21-24 uur
El Bocaíto 3: Libertad 6, www.bocaito.com, ma.-vr. 13-16.30, 20.30-24, za. 20.30-24 uur, in aug. gesloten

ETEN EN DRINKEN

Wat mag het zijn? Een glas wijn? In de eenvoudige taverne **Vinoteca Vides 4** (Libertad 12, www.vinotecavides.es, zo.-vr. 17-24/1, za. 11/12-2.30 uur, aug. gesloten) kun je kiezen uit 125 Spaanse wijnen, die alle afkomstig zijn van kleine producenten. Eigenaar Vicente, zelf de zoon van een wijnboer, heeft ze allemaal persoonlijk goed bevonden. Natuurlijk worden bij een glas (vanaf € 3) de juiste hapjes geserveerd: Spaanse ham of kaas.
Een gastronomisch contrast – kleurrijk, informeel, cool – is de **Street Food Market 5** (Fuencarral 57, www.mercadodesanildefonso.com, zo.-wo. 12-24, do.-za. 12-1 uur). In het skelet van een vroegere markthal liggen verdeeld over meerdere verdiepingen kleine terrassen. Met name 's avond komt hier veel jong publiek.
Zeer rustig en ver weg van het stadslawaai zit je op het houten terras onder de parasols van **Bosco de Lobos 6** (Hortaleza 63, www.encompaniadelobos.com, dag. 12-24 uur, in aug. ma., di. gesloten). De sfeer en het ontwerp van het café-restaurant passen ideaal bij de school voor architectuur, waarvan het aan de binnenplaats ligt. Bij een kopje thee of koffie, pizza, pasta of risotto kun je je hier heerlijk ontspannen. Of je gaat naar lunchroom **La Duquesita 7** (Fernando VI 2, www.laduquesita.es, 8.30/9.30-20.30, zo., feestdagen 10-15 uur), waar sinds 1914 heerlijke zoete lekkernijen worden geserveerd.

Uitneembare kaart E/F 3-5 | **Metro** L1, L5 Gran Via, L5 Callao, Chueca

Nee, maar, als de jongens van Eloy eens wisten: zelfs hun logo leeft in Chueca verder. Maar de strijdmakkers van de psychedelische rock zullen het prima vinden! En duidelijk taal: gezonde vruchten, gezonde mensen.

Nog prachtiger is het **Museo de Historia** 5. Of je nu wel of niet van barok houdt, de weelderig versiering van het portaal brengt iedereen in vervoering. Daarbij was het huis geen adellijk paleis, maar het Madrileense armenhuis, dat tussen 1721 en 1726 werd gebouwd. Binnen weerspiegelen kunstcollecties en modellen de verschillende periodes uit de stadsgeschiedenis.

Terug in het hier en u

Direct achter het museum verrast de avantgardearchitectuur van de **Mercado de Barceló** 6. Het Spaanse architectenduo Nieto/Sobejano schiep hier een multifunctionele stedelijke ruimte: markthal, sportcentrum, bibliotheek, pleinen en terrassen, uit verbonden containers samengesteld. Dit is moderne architectuur met gevoel voor functionaliteit plus esthetiek.

Dichtersdroom en een laatste rustplaats

Een heel andere lust voor het oog vormt in de Calle Fernando VI het **Casa Palacio Longoria** 7, zetel van de Spaanse schrijversorganisatie. Het is de spannendste modernistische gevel van heel Madrid: Spaanse jugendstil *(modernisme)* met bijna anarchistische, decadente kenmerken, een levensgrote taart. Puur modernistisch, ook van binnen, zoals de spiraalvormige trap en de koepel van glas en staal. In de **Iglesia de las Salesas Reales** 8 (1749-1758), de kerk van de koninklijke salesiaanse nonnen, is een koningspaar begraven: Barbara van Bragança, die kinderloos bleef en daarom geen graf in het Pantheon van El Escorial kreeg, en Fernando VI, die waarschijnlijk uit liefde besloot voor altijd aan haar zijde te rusten.

Bij het Festival Madrid Orgullo (MADO) groeit Madrid boven zichzelf uit: er is zelfs taart in de lhbt-kleuren!

OM DE HOEK

Een paar gamba's uit hun schaal pulken en daarbij een biertje drinken, dat heeft in heel Spanje een bijna ritueel karakter. Madrilenen doen het graag op de door bomen overschaduwde Plaza de Santa Bárbara – en wel in de **Cervecería Santa Bárbara** 8, waartoe een eigen brouwerij behoort. Hij bestaat sinds 1815, een klassieker forever (Plaza Santa Bárbara 8, www.cerveceriasantabarbara.com, dag. 12-24 uur).

Hipsters en rebellen – **Malasaña**

12

Hipsters, krakers, creatievelingen: de oude stad is 'in'. De winkeltjes, cafés en muziekclubs trekken een eigen scene en bieden een levensstijl buiten het gangbare. Men zet trends. 's Avonds zijn de straten vol met mensen die in de bars een cocktail drinken, naar livemuziek luisteren of tot in de vroege ochtend willen dansen.

De **Corredera Baja de San Pablo** leidt heuvelopwaarts naar Malasaña en midden in het hipsterlevensgevoel, dat zich in de straten met gebouwen uit de voorlaatste eeuwwisseling ontvouwt.

Oud en nieuw verdragen elkaar goed

Dat zie je al aan de buren op nr. 15 en nr. 17. Naast de jugendstilgevel van het kleine **Teatro Lara** 1 – ach bekijk toch eens deze 'bonbonnière van don Cándido' met het sinds 1880 bespeelde podium – ligt de **Kikekeller** 1, een showroom voor designmeubilair. Maar van donderdag tot

Overal is het mooi, vinden de hipsters van Malasaña – en niet alleen zij –, wanneer je discussieert en drinkt of bij het drinken discussiëren kan. Zoals hier op het trottoir van de Corredera Baja de San Pablo.

O
OVERIGENS

Manuela Malasaña, naaister en naamgeefster van de *barrio*, stierf in 1808 bij de volksopstand tegen soldaten van Napoleon. Was ze een heldin? Waar ligt de grens tussen waarheid en legende? Haar naamt is in elk geval opgenomen in het collectieve geheugen.

zaterdag verandert het achtergedeelte in een bar met 'retrofuturistische' cocktails en andere drankjes. Of maak een uitstapje naar de zijstraat Loreto y Chicote, vroeger een centrum van de straatprostitutie. Daar heeft zich in een voormalig bordeel het **Microteatro por Dinero** 2 gevestigd. In kleine kamers toont het minutenstukken.

De **Iglesia de San Antonio de los Alemanes** 3, (Kerk van de heilige Antonius van de Duitsers) uit het begin van de 17e eeuw is de zetel van Santa Hermandad del Refugio (Broederschap van de Toevlucht), die vroeger onder meer zieke en hulpbehoeftige Duitsers bijstand verleende. De geest van deze traditie leeft verder. Dat tonen het

INFO EN OPENINGSTIJDEN

Microteatro por Dinero 2: Loreto y Chicote 9, www.microteatromadrid.com, di.-vr. 19-1/2.30, za. 11-14.30, 18-2.30, zo. 11-14.30, 18-24 uur
San Antonio de los Alemanes 3: Puebla 22, i.d.R. ma.-za. 10.30-14 uur, € 2, tijdens missen gratis
Centro Cultural Conde Duque 6: Conde Duque 9, www.condeduquemadrid.es, di.-za. 10-14, 17.30-21, zo., feestdagen 10-14 uur, patio dag. geopend
Bicicleta Café 1: Pl. San Ildefonso 9, www.labicicletacafe.com, ma.-do. 10-1, vr. 10-2.30, za. 11-2.30, zo. 11-24 uur
Kikekeller 1: Corredera Baja de San Pablo 19, www.kikekeller.com
Bodega de la Ardosa 2: Colón 13, www.laardosa.es, ma.-vr. 8.30-2, za., zo. 11.45-2.30 uur
Pepe Botella 3: Pl. del Dos de Mayo, www.pepebotella.es, dag. 10-2 uur

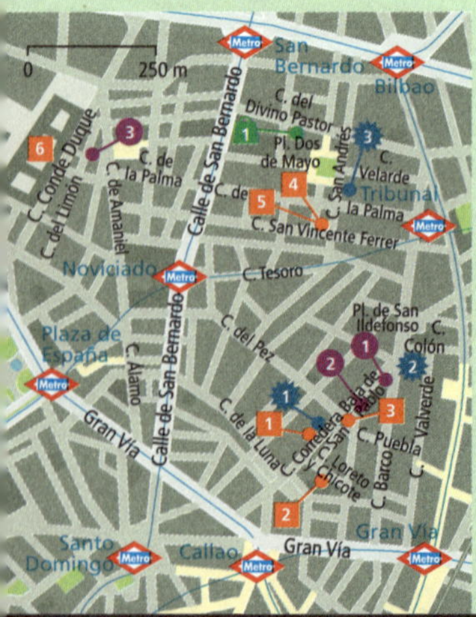

ETEN EN DRINKEN

De naam **La Pescadería** 2 (Ballesta 32, op Facebook, ma.-zo. 13-1/2 uur) herinnert aan de oude viswinkel. Maar het is vooral het New-Yorkgevoel dat hipsters uit Malasaña aantrekt. Heel anders is **La Cajita de Nori** 3 (Limón 30, www.lacantinadenori.es, ma.-vr. 12-1, za., zo. 11-1.30 uur). In het kleine restaurant met terras wordt mediterraan gekookt met producten van het seizoen.

IETS VOOR DE VOETEN

Voeten houden van *alpargatas* van zeildoek, hennep, katoen en jute. Ga naar **Antigua Casa Crespo** (Divino Pastor 29, www.alpargateriacrespo.com, ma.-vr. 10-13.30, 17-20, za. 10-13.30 uur).

Uitneembare kaart C–E 3–5 | **Metro** L5 Callao

voedselverschaffen aan de armen en de wachtrijen op straat. De elliptische, gewelfde kerkruimte nodigt uit tot een pauze voor meditatie. De grotachtige vorm en de compleet met fresco's beschilderde muren maken het tot een plek die niet van deze wereld is!

Verder naar de **Plaza de San Ildefonso**, waar de tafels in de schaduw van de kleine witte kerk iedere avond goed worden bezocht. Of het **Bicicleta Café** 1, dat natuurlijk een groot aantal wielerliefhebbers trekt en laptop-workplaces biedt, of de oeroude en rustieke **Bodega de la Ardosa** 2 – beide karakteristiek voor het levensgevoel in Malasaña.

Plaza del Dos de Mayo

Op 2 mei 1808 speelden zich hier, op de voormalige plaats van een kazerne, zware gevechten af tussen Spaanse en Franse soldaten. De sculptuur van de soldaten **Daoiz en Velarde** herinnert hieraan. Het plein is het epicentrum van Malasaña, op zaterdag wordt er een vlooienmarkt gehouden. Onder de bars, tavernes en cafés in de omgeving is **Pepe Botella** 3 een echte klassieker. Een verderop zijn in de Calle San Andrés twee oude tegelgevels behouden gebleven. Natuurlijk zijn er in de vroeger apotheek **Laboratorios Juanse** 4 en de eierwinkel **Antigua Huevería** 5 inmiddels restaurants geopend.

Calle de la Palma

Ten zuiden van de Plaza del Dos de Mayo leidt de Calle de la Palma naar de wijk Conde-Duque. Ook daar valt 's avonds veel te beleven: tussen de kleine winkels rijgen de bars en muziekclubs zich aaneen.

OM DE HOEK

Bijzonder imposant is het **Centro Cultural Conde Duque** 6, dat een hele zijde van de gelijknamige straat inneemt. De kazerne, waar de lijfwacht van Felipe V was ondergebracht, is een van de spannendste culturele centra van de stad. Ruimtes en binnenplaatsen worden voor tentoonstellingen, concerten, filmvoorstellingen en toneel gebruikt. Hier is het **Museo de Arte Contemporáneo** (Museum voor Hedendaagse Kunst) gevestigd.

O OVERIGENS

'Josef, de fles', zo noemden de Madrilenen de broer van Napoleon, die in de stad korte tijd als regent werd aangesteld. En daarmee is een bruggetje gemaakt tussen de Plaza del Dos de Mayo, een centrum van het verzet tegen de Fransen, en **'Pepe Botella'** 3. Door de grote ramen zie je de drukte op het plein, terwijl je een *café* of *mojito* bestelt, een krantje leest of naar muziek luistert. 'Josef, de fles' is Madrid overigens niet slecht bekomen. Hij zorgde voor meer hygiëne en frisse lucht in de stad, doordat hij kerken en kloosters liet slopen. Zo ontstonden alle pleinen, waarop we tegenwoordig zo graag zitten.

De lijfwacht is verdwenen, nu vind je in de oude kazerne Conde Duque alleen nog cultuur.

13

Een fietstocht – **Madrid Rio en Matadero Madrid**

Een stad ontdekt zijn rivier. In het kader van het jongste stadsontwikkelingsproject 'Madrid Río' zijn de snelwegen die de Rio Manzanares aan weerszijden in een korset van beton en asfalt dwongen naar tunnels verbannen. Zo kwam er ruimte voor groen en fietspaden.

Ook Madrid moderniseert. De Arganzuelabrug is chic, vooral in de schemering. Vanuit de verte ziet hij eruit als een kurkentrekker. Voetgangers en fietsers genieten van het panorama.

Wees genadig met de Madrileense rivier! Zeg geen dingen als 'Ach, je bent maar een beek'. Hij heeft al meer dan genoeg bespottingen over zich heen gekregen, omdat hij absoluut niet geschikt is voor een zelfmoordpoging.

Zo fiets je er vanuit het centrum naartoe: vanaf het paleis langs de **Jardines de Sabatini** 1 over een uitnodigend trottoir heuvelafwaarts over de

Cuesta de San Vicente naar de **Puerta de San Vicente** 2, de in 1775 door Sabatini gebouwde triomfboog. Daar ligt de **Puente del Rey** 3. Via deze in 1816 in opdracht van Ferdinand VII gebouwde 'koningsbrug' konden de heren regenten snel van het paleis naar hun jachtterreinen.

Koninklijk jachtterrein

Aan de overkant van de brug markeert de in een halve cirkel opgestelde zuilengroep **Puerta del Rey** 4 de toegang tot **Casa de Campo**. Voorbij het kleine jachtslot **Palacete de los Vargas** 5 fiets je rechtdoor over de Paseo del Embarcadero, volg dan bij een kleine kruising de Paseo Azul kort naar rechts en buig direct weer links af naar het **meer** 6. Bij een tocht rond het meer, waar diverse restaurants zijn gevestigd, heb je een mooi uitzicht over de stad, met de hoge flats aan de Plaza de España, het paleis, de kathedraal en de koepel van San Francisco El Grande.

Voor de terugweg naar de rivier biedt zich een variant aan: de Paseo del Ángel de la Puerta. Ongeveer in het midden rechts ligt de **Paseo de la Gastronomía** 1 met zeven restaurants in oude beurspaviljoens. Ze zijn een overblijfsel van de Feria del Campo, een 'Landbeurs', die in de jaren 60 en 70 eenmaal per jaar een soort presentatie van Spaanse regio's was, ook op het gebied van gastronomie. Dan kom je op het fietspad langs de Avenida de Pórtugal bij het **Café del Río** 1 (► blz. 109) aan de oever van de rivier.

Oude en nieuwe bruggen

Daar bereik je de oudste brug van Madrid, de **Puente de Segovia** 7 die werd ontworpen door de renaissancearchitect Juan de Herrera. De twee volgende bruggen zijn nieuw: de **Puente Oblicuo** 8 overspant de Manzanares over een lengte van 150 m en de **Puente Verde en Y** 9 vertakt zich in twee armen en heeft daardoor een Y-vorm.

Aan de andere zijde van de kleine rivierloop – hier ligt het voor de sloop bestemde oude voetbalstadion van Atlético Madrid – kom je spoedig bij een tweede historische stenen brug. De **Puente de Toledo** 10 stamt uit 1715. Halverwege de brug zijn twee boogvormige nissen aangebracht met daarin de beelden van de beschermheilige van de stad San Isidro Labrador en zijn vrouw

O
OVERIGENS

Een zwaar belaste rivier is de Manzanares, niet in ecologisch opzicht, maar financieel. De rijstroken van de M-30 naar ondergrondse tunnels verleggen om de rivieroever als recreatiegebied terug te winnen, kostte de stad meer dan € 6 miljard, inclusief rente meer dan 10 miljard, terug te betalen tot halverwege de 21e eeuw. De verbreding van het Panamakanaal was half zo duur als het project Madrid Río. Ook nauwelijks te geloven: het onderhoud van het nieuwe groene gebied kost iedere maand ongeveer € 1 miljoen.

In het cultureel centrum Matadero trainen skaters hun moves. Dit hier is echter slechts een van de mozaïekbeelden in de Mataderobrug – misschien ontdek je hem!

Santa María de la Cabeza. Een modern contrast hiermee vormt de volgende brug, de 274 m lange, kurkentrekkervormige **Puente de Arganzuela** 11. Hierna fiets je verder naar de tweelingbruggen **Puente del Invernadero** 12 en **Puente del Matadero** 13. Deze nieuwe bruggen voor voetgangers en fietsers hebben een overkapping die aan een omgekeerde boot doet denken, en zijn door de Madrileense kunstenaar Daniel Canogar van binnen met keramiekmozaïeken versierd.

Nieuwe cultuur in een oud slachthuis

De Puente del Matadero voert naar het voormalige Madrileense slachthuis (*matadero*) aan de overkant van de rivier. Eind jaren 80 kwamen de hallen van het grote bakstenen complex in neo-Moorse stijl uit het begin van de 19e eeuw leeg te staan. Nu bieden ze als **Centro Cultural Matadero Madrid** 14 ruimte voor theater, film, concerten, ateliers voor kunstenaars, lezingen en exposities – en voor het **Café del Teatro** en de **Cantina**, die voor het lichamelijke welzijn zorgen.

Terug naar het centrum

Voor de terugreis kun je aan de stadskant van de rivier blijven. Langs de **Invernadero del Palacio de Cristal de la Arganzuela** 15, een wintertuin met tropische planten en cactussen, fiets je door het Parque de la Arganzuela. Langs de rivier ga je door het groen, onder de Puente de Praga, de Puente de Toledo en de volgende nieuwe wegbrug door om dan de volgende overgang naar de andere oever te nemen. Het is het eenvoudigst en mooist om langs deze oever naar de Puente del Rey terug te keren.

OM DE HOEK

Goya's grafkapel, het **Panteón de Goya** 16, ligt een paar honderd meter verder aan de Paseo de la Florida. De grote hofschilder heeft de kapel met zijn koepel uit 1798 prachtig versierd met scènes van het Anthonius-wonder. Sinds 1919 ligt de schilder hier begraven, zij het zonder hoofd. Dat ging na zijn ballingschap in Bordeaux, waar hij in 1828 stierf, helaas verloren. Tot de klassiekers van de Madrileense gastronomie behoort het pal ernaast gelegen **Casa Mingo** 3.

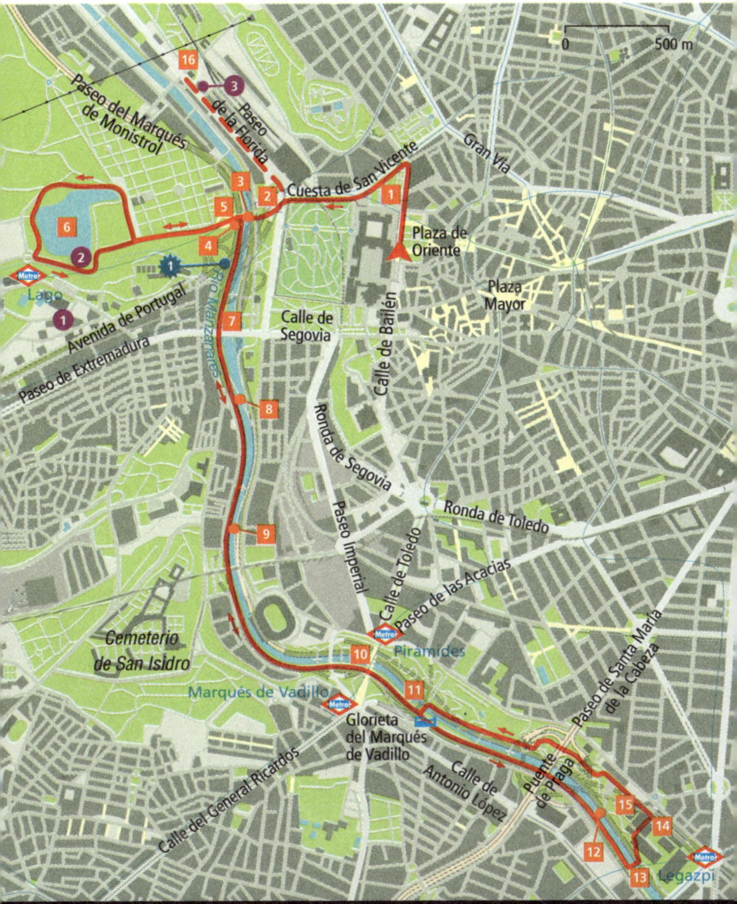

Uitneembare kaart A–D 3–8 en zuidelijk. | **Metro** L6, L10 Príncipe Pío, L3 Legazpi

INFO EN OPENINGSTIJDEN

Centro Cultural Matadero Madrid 14: www.mataderomadrid.com, dag. 9-22, exposities en activiteiten ma.-vr. 16-21, za., zo., feestdagen 11-21/22 uur

Invernadero del Palacio de Cristal de la Arganzuela 15: di.-vr. 9-15, za., zo., feestdagen 10-14 uur

Panteón de Goya 16: Glorieta de San Antonio la Florida, www.madrid.es/ermita, di.-zo., feestdagen 9.30-20 uur, gratis

ETEN EN DRINKEN

Aan de meeroever bij de botenverhuur eet je in **La Parrilla del Embarcadero** 2 (dag. 10-22.30/24 uur) grillgerechten of vis. In de voormalige werkhal van de spoorweg serveert **Casa Mingo** 3 (Paseo de la Florida 34, www.casamingo.es, dag. 11-24 uur) al generaties bij appelwijn *(sidra)* gebraden kip, cabraleskaas of in *sidra* gegaarde peperworst; er is ook een terras.

14

Zin in grasduinen? – **Op naar Rastro!**

Je waant je hier op een bazaar, waar je kunt rondsnuffelen tussen snuisterijen, kleding en huishoudelijke goederen, echt antiek en goedkope kunst. Elke zondag trekken duizenden bezoekers naar deze enorme vlooienmarkt. Ooit werd de markt beschreven als de laatste grens tussen Europa en Afrika.

Duizenden kraampjes worden hier elke zondag in alle vroegte opgebouwd. Ze concurreren om de aandacht van de bezoekers, die komen om nieuwsgierig rond te snuffelen, vrienden te ontmoeten of gewoon naar alle bedrijvigheid te kijken. Op de Rastro is het 's zondags zo druk als een mierenhoop, een makkie voor zakkenrollers – ondanks de aanwezigheid van veel politie. Let dus goed op je spullen!

Zij denkt na, hij verwondert zich. Tussen de curiosa komt de ware aard naar boven – een echte relatietest. En op de Rastro gaat dat altijd maar door.

Rond de **Plaza de Cascorro** stonden in de 15e eeuw de Madrileense slachthuizen, enkele straatnamen herinneren er nog aan. Pas sinds de 18e eeuw ontwikkelde zich in de omgeving een soort handelsplein.

In de wirwar van kraampjes is overigens wel een duidelijke ordening aangebracht. Of het nu gaat om kleding of vogelvoer, antiek of huishoudelijke artikelen, made in China-snuisterijen of nuttige gebruiksartikelen – alles heeft een eigen plaats op de Rastro.

De menigte in!

De Ribera de Curtidores en de Plaza de Cascorro zijn het centrum van de vlooienmarkt, die zich vervolgens verder uitbreidt over een flink gebied in de omliggende straten en pleinen. Op de **Plaza de Cascorro** 1 vind je kleding, accessoires en sieraden. Permanent aanwezig op nr. 6 is de **Marihuana**, tot aan de nok toe volgepropt met zwartleren kleding. Vergelijkbaar is het assortiment op de **Ribera de Curtidores** 2, waar je bij het textielaanbod tafellinnen maar ook etnische kleren en sportkleding vindt. Tot Madrids beste antiekwinkels horen de **Galerías Piquer** 3 (nr. 29) en de **Nuevas Galerías** 4 (nr. 12). Een aanrader!

Authentieke sfeer

Op de **Plaza de Vara del Rey** 5 schreeuwen handelaren hun spotprijzen over het plein, of het nu gaat om jeans of schoenen, sokken of ondergoed – allemaal koopjes! En de antiquariaten eromheen zijn op zondag natuurlijk ook geopend.

Ook in de **Calle de Carlos Arniches** 6 is niets veranderd. Gebruikte en antieke spullen wisselen van eigenaar in de straat voor het **Museo de Artes y Tradiciones Populares** (Museum van Volkskunst en Volkstradities in een historisch gebouw). Aan een van de kramen vind je een haast ongelooflijke verscheidenheid aan sleutels die deels echt middeleeuws ogen

De nieuwe Rastro

Overigens zijn de straten aan de rand van de multiculturele wijk **Lavapiés** ook doordeweeks een bezoek waard. Hier zie je een stukje authentiek Madrid met antiek-, meubel- en tweedehandszaakjes.

C
CASCORRO

De held van Cascorro, de Spaanse soldaat Eloy Gonzalo, wordt op de **Plaza de Cascorro** met een monument geëerd. Met gevaar voor eigen leven had hij in de Cubaanse plaats Cascorro de artillerie van de Cubaanse vrijheidsstrijders opgeblazen. Hij overleefde! Niet echter de dysenterie, waaraan hij in 1897 overleed. Dood, maar als nationale held, kwam hij terug naar Madrid. Daar staat hij nu, het geweer nog steeds aan de schouder.

R
RITUELEN

Geen Rastrozondag zonder **after-Rastrorituelen.** De vlooienmarkt maakt hongerig en dorstig, de *cañita* erna hoort er gewoon bij. Nadat je door de straten geslenterd hebt, ga je naar een bar. In de wijk La Latina zijn er voldoende te vinden. Wie in Lavapiés in **La Mancha en Madrid** 1 of in **Alabanda** 2 in de Calle de Miguel Servet geen (sta) plaats heeft weten te bemachtigen, probeert het in de Calle Argumosa.

INFO EN OPENINGSTIJDEN

Rastro: zo., feestdagen 8.30-15 uur

GASTRO NA RASTRO

Een paar *caracoles* als onderbreking? De slakken vind je naast tortilla, pens en bloedworst in **Los Caracoles – Casa Amadeo** 3 (Plaza de Cascorro 18, dag. 11-23 uur). Dit is typisch Madrileense kost. Of toch liever een goed belegde sandwich? Dan ben je bij **El Capricho Extremeño** 4 (Carlos Arniches 30, za., feestdagen 10-16.30/17, zo. 8.30-16.30/17 uur) aan het juiste adres. Het beleg, zoals ham, worst of kaas, komt uit de regio Extremadura. Ook bier of sangria kun je kopen en meenemen.

In de ontspannen sfeer van **Café Pavón** 5 (Embajadores 9, dag. 10-2/3 uur) voelen onder het art-decoplafond zowel families uit de wijk als jonge Madrilenen zich bij elkaar thuis onder het genot van tapas. Het gaat hier door tot vroeg in de ochtend.

In **La Bobia** 6 (San Millán 3, www.puxasturies.es, dag. 13-24 uur) zit je buiten voor een graffitimuur of in de lichte binnenruimte aan de verhoogde, lange tafel of in enorme houten vaten aan het einde van het restaurant. Bij de *caña* krijgen de gasten een gratis tapa, zoals vroeger overal gebruikelijk was. Gekookt wordt hier Asturisch en Noord-Spaanse appelwijn, *sidra*, past daar heerlijk bij. Daarna is het siësta, althans voor alle Rastrogangers.

Uitneembare kaart D 7 | **Metro** L1 Tirso de Molina, L5 La Latina, Puerta de Toledo, L3 Lavapiés

In de oude curiosawinkels hebben zich de laatste jaren vooral in de straten **Arganzuela** 7, **Mira el Río Alta** 8, **Mira el Río Baja** 9, **Santa Ana** 10 en Bastero jonge mensen met individuele concepten gevestigd. Ze richten zich op design, vintage, het bijzondere. Een voorbeeld is **La Tapicería** 11 op de Calle Bastero 10, een stoffeerwinkel, die – gedeeltelijk naar eigen ontwerp – mooie stoffen voor stoelen en kussen biedt. En in de straten **Carnero** 12, **Los Mellizos** 13 en Carlos Arniches zul je winkels met antiek en curiosa en veel charisma ontdekken.

Klanken van het zuiden – Flamenconachten in Madrid

15

Wild en treurig, zwaarmoedig en boos – zo klinkt flamenco. En hoewel hij uit het Spaanse zuiden stamt, voornamelijk uit de Andalusische regio Cádiz, is Madrid toch zo ongeveer de hoofdstad van dit genre.

De crème de la crème van de Spaanse flamencoartiesten – zangers, gitaristen, dansers – woont en leeft in Madrid. Wie in deze scene naam wil maken, treedt in de Spaanse metropool op bij festivals of in de *tablaos flamencos*. Dat gold al voor de beroemde Camarón de la Isla en Paco de Lucía. De stad is dan ook de juiste plaats om eens in de flamencoscene te duiken of je door de muziek te laten beroeren.

Ja, hier danst een man. Want eigenlijk is de flamenco een mannendans.Hij danst zijn trots, zijn emoties, de vrouw probeert hem te lonken. Laat je man eens opgaan in deze gepassioneerde muziek. Je krijgt hem beslist heel anders terug – zeker beter!

▶ INFO

Summa Flamenca: bij dit flamencofestival in juni/juli zijn er fantastische soloconcerten van de beste flamenco-artiesten van Spanje. In theaters, op concertpodia, in culturele centra en tavernes.

O
OVERIGENS

Een bijzondere blik achter de schermen en in de wereld van de flamenco krijg je op de 3e verdieping van Mercado de Antón Martín. Dit is het adres van de flamencoschool **Amor de Dios, Arte Flamenco y Danza Española** 3. In een zaal voor slechts 75 toeschouwers staan interpretaties aan de piano, dansoptredens, zang en de typische *cuadros flamencos* (gitarist, zanger(es), danser(es), ritmegever) op het programma. Dit is de beste plek om de fascinatie van de flamenco te ervaren (ingang aan de Calle Santa Isabel 5, www.amordedios.com, za. 21.30 uur, vanaf € 15 incl. drankje).

Het binnenste naar buiten keren

Zijn oorsprong heeft de zang- en choreografietraditie van de flamenco in Andalusië, een smeltkroes van culturen. Het is de muziek van de lokale zigeuners, de *gitanos*. In hun clans werd en wordt hij nog steeds verder ontwikkeld. Flamenco is niet te leren, zo wordt er gezegd, het zit je in het bloed. Tot op de dag van vandaag zijn inderdaad veel zangers en gitaristen autodidact, hoewel de muzikale structuur door ritmewisselingen bijzonder ingewikkeld is.

Oorspronkelijk was flamenco puur een zangkunst die in intieme kring werd beoefend. De teksten zijn poëtisch, handelen over een onbereikbare liefde, de ellende van het leven als buitenstaander of andere pijnlijke ervaringen – van verdriet, woede of trots. De stemmen weerspiegelen de gemoedstoestand, klinken soms hard, soms rauw, soms als een schreeuw uit de keel.

De gitaar is het karakteristieke instrument van de flamenco. En voetenstampen en handenklappen horen daar zeker bij. Ze zijn een soort vervanging van een trommel.

Gewoon een keer meeklappen

Een van de belangrijkste flamencoplekken in Madrid is **Casa Patas** 1. Foto's van artiesten uit de scene hangen aan de wanden van de typische restaurant-tablao: de gasten nemen plaats aan de tafels, eten en drinken en genieten 's avonds van optredens van dansers, gitaristen en zangers. Tot het huis behoort de Fundación Casa Patas, waarvan de **García-Lorcazaal** (op de 2e verdieping) een heiligdom van de flamenco is. Hier kom je zeer dicht bij de vertolkers en hun pure muziek: versterkers of microfoons zijn er niet.

De Plaza de Santa Ana, centrum van de schrijverswijk, ligt op een steenworp afstand. In een hoek ligt de **Villa Rosa** 2, die je gemakkelijk herkent aan de met tegels versierde gevel. In 1911 openden twee stierenvechters in deze voormalige cacaofabriek een van de eerste tapasbars van de stad. Kort daarop was het al een *tablao flamenco*, en dat is tegenwoordig nog steeds zo. Binnen verrassen de Andalusisch-oosterse sfeer en de Hispano-Arabische decoratie. Maar de keramiekafbeeldingen tonen scènes van oude Madrileense

INFO EN OPENINGSTIJDEN

Info: www.deflamenco.com.
Casa Patas 1: Cañizares 10, tel. 914 29 84 71, www.casapatas.com, restaurant vanaf 19/19.30, flamenco live ma.-do. 22/22.30, vr., za. 20/21 en 22.30/24 uur, toegang incl. drankje € 38.
Fundación Casa Patas, Sala García Lorca: optredens altijd vr., za. vanaf 22 uur, behalve in de zomer.
Villa Rosa 2: Plaza de Santa Ana 15, www.tablaoflamencovillarosa.com, flamenco vanaf 20.30, vr., za. 20.30/21 u. 22.45/23 uur, in de zomer dag. twee liveoptredens, € 35 inclusief drankje.
Cardamomo 4: Echegaray 15, cardamomo.es, dag. 18-3/3.30, live meestal dag. vanaf 18, 20, 22 uur, incl. drankje (sangría) € 25/39.
El Candela 5: Olmo 2, www.flamenco candela.com, zo.-do.. 22.30-5.30, vr., za. 23-6 uur, incl. drankje ca. € 15.

FLAMENCO-ACCESSOIRES

Alles wat je nodig hebt voor een flamenco-outfit, kun je aanschaffen bij **Don Flamenco** 1 (Santa Isabel 7, ma.-vr. 11-14.30, 16.30-20.30, za. 10.30-14.30, 16-20 uur, juli/aug. za.-middag gesloten): handgemaakte schoenen, kleding, sieraden, haarspelden, muziek ...
... of bij **Kéflamenka** 2 (Tres Peces 34, www.keflamenka.com, ma.-vr. 11-15, 17-20, za. 11-14 uur).

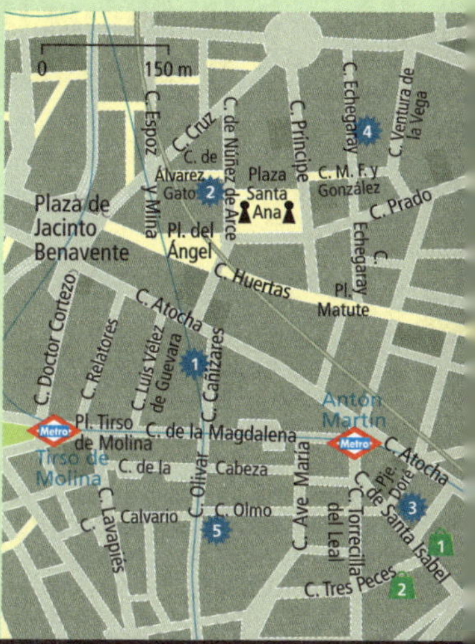

Uitneembare kaart E 6/7 | **Metro** L1 Antón Martín, Tirso de Molina

straten. Flamenco in deze sfeer is een bijzondere ervaring. Pedro Almodóvar draaide hier overigens scènes voor zijn film *Tacones lejanos*.

Trefpunten van de flamencoscene

De jonge flamencoartiesten van Madrid treden regelmatig op in **Cardamomo** 2 in Huertas, en ontmoeten elkaar ook graag in deze smalle kroeg met lange bar en podium achterin.

In de bar **El Candela** 3 in Lavapiés wordt het laatste afzakkertje van de nacht genomen. En dan ontstaan er vaak spontane jamsessies van kunstenaars die eigenlijk alleen maar een laatste glaasje wilden drinken. Met een beetje geluk loop je in El Candela de beste flamencoartiesten van tegenwoordig tegen het lijf, al moet je daarvoor meestal wel blijven hangen tot in de late uurtjes.

O
OVERIGENS

In de hoogtijdagen van de flamenco waren er in Madrid zo'n veertig *cafés-cantantes*. Zo heetten deze etablissementen waar de artiesten live optraden.

ENTREEBEWIJZEN *voor een andere wereld...*
Madrid is een stad met wereldberoemde kunstmusea (▶ blz. 36, 45, 81). Maar ook deze musea zijn de moeite waard!

MAAR BESLIS VOORAL ZELF!

Museo de América
di.-za. 9.30-15, do. 9.30-19, zo., feestdagen 10-15 uur, € 3/€ 1,50, zo. en do. vanaf 14 uur gratis

Een land dat Amerika heeft ontdekt heeft natuurlijk ook een Amerika-museum nodig. Maar het is anders dan de meesten denken. Klaar voor de schat van de Quimbaya en de 112-bladige Mayacodex?

JA NEE

A 1, museodeamerica.mcu.es

Museo de Artes y Tradiciones Populares
ma.-vr. 10-20, za. 10-14 uur, in aug. gesloten, gratis

Dit museum in een historisch gebouw uit de 19e eeuw *(corrala)* is gewijd aan volkskunst en volksgebruiken. Thema: religie, feesten, muziek, kleding en de huishouding in andere tijden.

JA NEE

D 7, Calle de Carlos Arniches 3-5

Museo Nacional de Artes Decorativas
di.-za. 9.30-15, do. behalve juli/aug. ook 17-20, zo., feestdag. 10-15 uur, € 3/€ 1,50, do. vanaf 17, za. 14-15 uur, zo. gratis

Spaanse wooncultuur, decoratieve kunst en kunstnijverheid uit de 15e-19e eeuw. Bijzonder interessant zijn de tegels en keramiek en de complete Valenciaanse keuken uit de 18e eeuw.

JA NEE

G 5, mnartesdecorativas.mcu.es

Museo Nacional de Ciencias Naturales
di.-vr. 10-17, za., zo., feestdagen 10-20 (in aug. tot 15) uur, € 7/ € 3,50

Hoe klein is de mens, hoe groot was de dinosauriër! Waarom stierf alleen hij uit? Dreigt er voor ons mensen eenzelfde lot? De ontmoeting met de natuurwetenschappen biedt spannende momenten.

JA NEE

direct boven G 1, www.mncn.csic.es

Museo Sorolla
di.-za. 9.30-20, zo. 10-15 uur, € 3/1,50, za. vanaf 14 uur en zo. gratis

Hoe schilder je eigenijk licht? De Valenciaanse kunstenaar Joaquín Sorolla wist het. In zijn vroegere Madrileense huis, waar hij aan het begin van de 20e eeuw woonde, hangt veel mediterrane romantiek.

F 1, museosorolla.mcu.es

○ JA ○ NEE

Museo Taurino
dag. 10-17.30/18 uur, op dagen met stierengevechten tot 14 uur, € 8,90/€ 6,90/€ 4,90

Mooi, het stierengevecht, maar liever alleen in een museum, toch? je ziet er vele trofeeën. De arena zelf is trouwens prachtig: in neomudéjarstijl uit 1923. Maar er gaan steeds minder mensen heen.

L 2, lasventastour.com/el-museo-taurino/

○ JA ○ NEE

Museo del Traje
di.-za. 9.30-19, zo. 10-15 uur, € 3/€ 1,50, za. vanaf 14.30 uur en zo. gratis

Kleren maken de man. Grappig om te zien wat in de loop der eeuwen bij mannen en vrouwen als chic gold. Een betoverende rondgang door de geschiedenis van de mode tot de huidige haute couture.

ten westen van A 1, museodeltraje.mcu.es

○ JA ○ NEE

Templo de Debod
apr.-sept di.-vr. 10-14, 18-20, okt.-mrt. di.-vr. 10-14, 16-18, za., zo., feestdagen 9.30-20 uur, gratis

Madrid kent zelfs een echte Egyptische tempel! Steen voor steen van de oevers van de Nijl verplaatst en hier op een heuvel in de openlucht weer opgebouwd. Je kunt naar binnen gaan.

B 4, www.madrid.es/templodedebod

○ JA ○ NEE

Museo Tiflológico
di.-vr. 10-14, 17-20, za. 10-14 uur, in aug. korter en deels gesloten, toegang gratis

Zien wat blinden zien? Niets dus! In het museum van de Spaanse Blindenorganisatie ONCE sluit je je ogen en betast je nagebouwde monumenten, beelden en sculpturen.

ten noorden van D 1, La Coruña 18, museo.once.es

○ JA ○ NEE

Museumlandschap van Madrid

Het is verplichte kost: meer dan zeven miljoen mensen bezoeken jaarlijks alleen al de drie kunstmusea aan de Paseo del Prado. Aan de Madrileense kunstboulevard liggen de drie sterren van het **Prado** (▶ blz. 36), **Centro de Arte Reina Sofía** (▶ blz. 45) en **Museo Thyssen-Bornemisza** (▶ blz. 81) comfortabel dicht bij elkaar. Nog een dozijn fantastische collecties, stichtingen, kloosters en musea, en niet te vergeten het paleis, maken Madrid tot een *ciudad del arte* (stad van de kunst) – en daarop zijn de bewoners trots. Spaanse en Madrileense geschiedenis en cultuurgeschiedenis zijn andere zwaartepunten van musea in de stad. Bijzonder fraai is het **Nationaal Archeologisch Museum** (▶ blz. 55), dat de hele Iberische cultuurgeschiedenis op een moderne manier presenteert.

TIPS VOOR MUSEUMBEZOEK IN MADRID

Dagen met gratis toegang: bijna alle musea hebben dagen of uren met gratis toegang (alleen voor EU-burgers, identiteitsbewijs meenemen). Hier een overzicht van de belangrijkste: ma.-za. vanaf 18, zo., feestdagen vanaf 17 uur Museo Nacional del Prado; ma., wo.-za. vanaf 19, zo. vanaf 15 uur Centro de Arte Reina Sofía; ma. 12-16 uur Museo Thyssen-Bornemisza; wo.-middag Monasterio de la Encarnación, Monasterio de las Descalzas Reales; do.-middag Monasterio de la Encarnación, Monasterio de las Descalzas Reales, Museo Nacional de Artes Decorativas, Museo Cerralbo; za.-middag Museo Arqueológico Nacional, Museo Sorolla; zo. Museo Arqueológico Nacional, Museo Cerralbo, Museo de América, Museo Nacional de Artes Decorativas, Museo Sorolla.
Combikaartje: Paseo del Arte, het combikaartje voor Museo del Prado, Museo Thyssen-Bornemisza en Centro de Arte Reina Sofía kost rond de € 30.
Kortingen: 65+, studenten en jongeren tot 18 jaar en soms ook werklozen en mensen met een handicap kunnen op vertoon van hun identiteitsbewijs een korting van 50% of meer krijgen, sommige musea zijn voor hen gratis.
Rustdagen: veel musea zijn op maandag gesloten. Over het algemeen zijn ook 1 januari, Goede Vrijdag, 1 mei en 25 december rustdagen.

Baron Thyssens kunst – modern, kleurrijk en behoorlijk intellectueel.

In de schaduw van het Prado...

Wanneer je na een bezoek aan het Prado nog meer prachtige kunst wilt zien, kun je met deze drie musea verdergaan. Het Thyssen-Museum, de historische Koninklijke Kunstacademie en een adellijk paleis met een werkelijk 'edele' verzameling zullen je zeker inspireren.

De schatten van de baron

Museo Thyssen-Bornemisza
kaart 2, F 6

Het Palacio de Villahermosa, een adellijk paleis schuin tegenover het Prado, biedt een 'leergang' door de geschiedenis van de schilderkunst vanaf de 13e tot de 20e eeuw tot aan de experimentele avant-garde en popart. De spectaculaire collectie van baron Hans-Heinrich Thyssen en zijn vrouw Carmen Cervera heeft in Madrid zijn thuis gevonden. De klassieke rondgang begint op de bovenste verdieping met de middeleeuwse Italiaanse schilderkunst, waarna meesterwerken volgen uit de renaissance, barok en het classicisme. De presentatie van Vlaamse en Hollandse portretten, genreschilderijen, stillevens en landschappen uit de 17e en 18e eeuw wordt op de middelste verdieping voortgezet. Het impressionisme is goed vertegenwoordigd op de 1e verdieping – met fraaie werken van Manet, Renoir, Degas, Toulouse-Lautrec, Van Gogh, Gauguin, Cézanne, Kokoschka en Matisse. Hetzelfde geldt ook voor het expressionisme, dat hier onder meer wordt vertegenwoordigd door Munch, Nolde, Schiele, Kirchner, Heckel, Pechstein, Schmidt-Rottluff, Feininger, Kandinsky, Macke en Marc, evenals door Max Beckmann, Otto Dix en George Grosz. Op de begane grond komt de 20e eeuw aan bod met de experimentele avant-garde en de klassieke modernen. Hier worden werken van Russische kunstenaars getoond en daarnaast schilderijen van Mondriaan, Braque, Gris, Picasso en Dalí, evenals van Max Ernst, Paul Klee en Marc Chagall, tot en met de Amerikanen Jackson Pollock, Mark Rothko en Edward Hopper.

Paseo del Prado 8, www.museothyssen.org, ma. 12-16, di.-zo. 10-19 uur, € 12/8, gratis tot 12 jaar en ma. 12-16 uur, tentoonstellingen kosten extra, combiticket Paseo del Arte ca. € 30

Ouder dan het Prado

Real Academia de Bellas Artes de San Fernando kaart 2, E 5

De Koninklijke Academie voor Schone Kunsten bestaat sinds 1752. Ze is dus ouder dan het Prado. In een fraai adellijk paleis bij de Puerta de Sol vind je 1300 schilderijen en 14.000 tekeningen, plus beeldhouwkunst. Veel namen uit het Prado kom je hier weer tegen. De collectie omvat werken van de schilders uit de Spaanse Gouden Eeuw en enkele kleinoden van Goya, Velázquez, Picasso en Gris. Het Grafisch Museum Calcografía onder in het pand is aan Goya's etsen gewijd.

Alcalá 13,www.realacademiabellasartes sanfernando.com, di.-zo., feestdagen 10-15, € 8/4, wo. toegang gratis

Een adellijk paleis

Museo Cerralbo kaart 2, C 4

Toen de markies van Cerralbo in 1922 stierf, liet hij de stad zijn paleis met inventaris na – dertig zalen, waarin de levensstijl van de adel in Madrid in de 19e eeuw te zien is. De privécollecties van de *marqués* omvatten meubilair en woonaccessoires, klokken, waaiers, wapens, porselein, wandtapijten, een bibliotheek en schilderijen van Titiaan, Veronese, Tintoretto, Van Dyck, El Greco, Zurbarán, Ribera en Velázquez.

Ventura Rodríguez 17, museocerralbo.mcu.es, di.-za. 9.30-15, do. ook 17-20, zo., feestdagen 10-15 uur, € € 3/1,50, do.-middag, za. vanaf 14 uur en zo. gratis

Bijzondere kloosters ...

Van de rijkdom uit de Gouden Eeuw, dat wil zeggen het goud en zilver uit de Spaanse koloniën, profiteerden ook de Madrileense kerken en kloosters. Achter de muren van de door de Habsburgers gestichte kloosters verbergen zich ongelooflijke schatten, van koninklijk tot curieus.

Voor nonnen van koninklijke huize

Monasterio de las Descalzas Reales kaart 2, D 5

Doña Juana, dochter van Karel V, stichtte in 1554 het Habsburgse klooster in het renaissancepaleis waarin ze geboren was en waar ze ook haar laatste rustplaats vond. Het nu door clarissen bewoonde klooster is met fresco's en wandtapijten gedecoreerd en bezit zo'n vierhonderd schilderijen, waaronder portretten van de Habsburgse heersers, en valt onder monumentenzorg. Alleen al het trappenhuis met fresco's en trompe l'oeil-schilderijen uit de 17e eeuw is prachtig. De kapelletjes van de nonnen vol religieuze kunst rond de hoger gelegen galerij, de Salón de Tapices met wandkleden uit de 17e eeuw volgens ontwerp van Rubens, schilderijen van Pieter Brueghel de Oude, Caravaggio, Rubens en Titiaan, van Zurbarán en Sánchez Coello en de grafmonumenten van Doña Juana en de keizerin Maria van Oostenrijk maken het een echt museum.

Plaza de las Descalzas 3, www.patrimonionacional.es, € 6, combikaartje met Encarnación-Klooster € 8 (2 dagen geldig), wo. en do.-middag voor EU-burgers toegang gratis, rondleidingen door Monumentenzorg di.-za. 10-14, 16-18.30, zo., feestdagen 10-15 uur

O OVERIGENS

Gigantisch is het paleis van **San Lorenzo de El Escorial**, dat Filips II in1563-1584 liet bouwen in de uitlopers van de Sierra de Guadarrama, 60 km ten westen van Madrid. Een kolos van grijs graniet, die met zijn afmetingen van 207 bij 161 m passend gevonden werd voor de zetel van de macht van een rijk dat zich uitstrekte tot aan de koloniën in Zuid-Amerika. Filips II was een echte katholiek, het paleis moest tegelijk een streng klooster zijn. Het gebouw, de kunstcollectie en het pantheon van de Spaanse koningen zijn de perfecte aanvulling op het bezoek aan de Habsburgse kloosters in Madrid.

www.patrimonionacional.es, trein vanaf de stations Atocha en Puerta del Sol.

Het bloed van de heilige Pantaleón

Monasterio de la Encarnación

kaart 2, C 5

Margarete van Oostenrijk, echtgenote van Felipe III, stichtte het klooster dat in 1616 werd ingewijd. Het heeft de typische, strenge Habsburgse stijl. Vrouwen van adellijke afkomst of verwanten van het koningshuis werden hier geplaatst. Overeenkomstig was de inrichting, zoals de schilderijen en sculpturen aantonen. In de Sala de los Reyes zijn portretten van de Habsburger te zien. Bijzonder is de reliekenzaal. Duizenden relieken worden daar bewaard: botjes, stukjes stof en stukjes hout, en een flacon met een druppel bloed van de martelaar San Pantaleón. Ieder jaar in de nacht van 26 op 27 juli wordt het bloed vloeibaar en stolt het gelijk weer. Geloof het of niet!

Plaza de la Encarnación 1, website, prijzen en openingstijden als Monasterio de las Descalzas Reales

Het spel met het water

Water is op de Spaanse hoogvlakte schaars, en des te meer geldt het als levenselixer en bron van vreugde. Fraaie waterspelen behoren tot de Madrileense stadsarchitectuur. De mooiste sieren de Paseo del Prado, ook 'Salón del Prado' genoemd, het 'goede deel' van Madrid.

Koningin van alle fonteinen

Fuente de la Cibeles 🗺 kaart 2, F 5

Cybele is de godin van de vruchtbaarheid, de grote moeder van de aarde. En ze is schitterend! Marmerwit, met regelmatige gezichtstrekken, zit ze majestueus in een door leeuwen getrokken wagen boven het bruisende waterspel, omgeven door een plein dat de verbinding van de Paseo del Prado en Paseo de Recoletos, en de kruising met de oost-westas Calle de Alcalá vormt. Overeenkomstig hoog is de verkeersdrukte. Cybele fungeert als eiland en rustend middelpunt tussen de aanstromende golven auto's, die door het ritme van de verkeerslichten worden geleid. De fontein uit de 18e eeuw is de mooiste van de stad en een echte blikvanger. Geen wonder dat de fans van Real Madrid na een winnend afgesloten wedstrijd hier wat verkoeling zoeken.

Plaza de la Cibeles

Ter ere van de zeegod

Fuente de Neptuno 🗺 kaart 2, F 6

Neptunus beheerst de neoklassieke monumentale fontein halverwege de Paseo del Prado. Bezoekers van het Prado en het Thyssen-museum of de gasten van de beide luxehotels Ritz en Palace kunnen de marmeren glorie niet missen. In de linkerhand houdt hij een drietand als scepter en wapen tegelijk. 'Geef me te eten of bevrijd me van de vork', moet op het schild hebben gestaan, dat men de god tijdens de hongerjaren in de Burgeroorlog omhing – Madrileense humor zelfs in de barste tijden. Aan de rand van het cirkelvormige waterreservoir vieren overigens de fans van Atlético Madrid hun voetbaloverwinningen.

Plaza de Cánovas del Castillo

Apollo en de vier jaargetijden

Fuente de Apolo 🗺 kaart 2, F 5

Iets verstopt in het groen, ongeveer halverwege Cybele en Neptunus, de eindpunten van het mooie deel van Madrid, ligt een aan de god Apollo gewijde fontein. Zijn gezicht zou lijken op dat van Carlos III, aan wie Madrid de kunstboulevard en de fonteinen te danken heeft, net als musea, ziekenhuizen en veel meer. Of het nu een god is of 'Madrids beste burgemeester', de voorstelling van de vier jaargetijden aan zijn voeten vormt een uitgebreid beeldprogramma.

Paseo del Prado tegenover nr. 5

Madrid kan ook zwoel zijn. In elk geval tijdens het Festival Madrid Orgullo. Dan straalt de Cybelefontein in de regenboogkleuren.

Pauze, even rebooten

De snelste weg naar het groen leidt naar het grote stadspark El Retiro (▶ blz. 49). Met zijn bomen en gazons, wandelpaden en banken is het de grote tuin van de Madrilenen. Een nieuwer recreatiegebied is Madrid Río aan de oever van de Manzanares (▶ blz. 68). En we hebben nog een paar tips voor het geval je de stad achter je wil laten en wil ontspannen.

Schaduw, rust, bomen om van te houden

Jardín Botánico F-G 7

Een enorm schaduwdak van uitnodigende boomkronen en gebladerte – daarnaar verlang je op hete zomerdagen in Madrid. En dat vind je midden in de stad, direct aan de zuidkant van het Prado. Carlos III liet de botanische tuin in de 18e eeuw aanleggen. Even oud zijn de exotische bomen en planten, die onder meer uit Latijns-Amerika en het Middellandse Zeegebied afkomstig zijn. Een groen, stil paradijs midden in Madrid.

Paseo del Prado, www.rjb.csic.es, 10-18, in de zomer tot 20/21 uur, € 4/2, 65+ € 0,50

O
OVERIGENS

Gewoon relaxen in het **Madrileense stadhuis**! Dit is het imposante gebouw in suikerbakkerstijl aan de Plaza de Cibeles. Het was oorspronkelijk een post- en telegraafkantoor uit 1917. Nu heeft het de naam **CentroCentro** en staat het dicht bij de burgers – met tentoonstellingen, een café, een prachtig uitkijkpunt boven op het gebouw en twee lees- en werkgebieden *(zona de lectura)* op de 2e en 5e verdieping. En daarom draait het hier, het zijn fraai ontworpen rustzones die uitnodigen tot een pauze. Er liggen zelfs buitenlandse kranten. Vermoedelijk zul je in de imposante entreehal niet de Madrileense burgemeester Manuela Carmena treffen, maar wie weet! In elk geval is het een respectabele vrouw, met als motto 'Nu Madrid' (Ahora Madrid).

Plaza de Cibeles s/n, metro: L 2 Banco de España, di.-zo. 10-20 uur

Tussen beren en wolven?

Casa de Campo west. van A 4/5

Het voormalige jachtgebied van de koningen strekt zich als een enorme groenzone uit op de andere zijde van de Río Manzanares. Met name in het weekend trekt het Madrilenen om te picknicken en joggen, te wandelen en bootje te varen op het meer. Ook voor verliefden is hier plaats. Wie beren en wolven wil zien, moet tegenwoordig echter naar de dierentuin gaan. Kinderen willen naar het amusementspark Parque de Atracciones, hele familieclans maken graag van de gelegenheid gebruik om te eten in een van de typische grillrestaurants direct aan het meer (▶ blz. 69).

metro: L 10, Lago, Batán

Hier ontmoeten wandelaars joggers

Parque del Oeste A/B 1-4

Een omvangrijk wegennet voor fietsers, wandelaars en joggers lokt de Madrilenen naar hun Westpark. Het fraaie gebied met bomen, gazons en rozentuin (La Rosaleda) daalt heuvelig af naar de rivier. In de Burgeroorlog vonden hier

Dat zou wat zijn: hier de vermoeide voeten in het water afkoelen. Mogen we dat? Maakt niet uit! De Debodtempel uit Egypte bij het Parque del Oeste zal het ons niet kwalijk nemen.

hevige gevechten plaats tussen republikeinen en franquisten. Maar daarover is ondertussen gras gegroeid. Op de terrassen van de Paseo del Pintor Rosales zit je gezellig met uitzicht op het groen. Iets eronder ligt het dalstation van de Teleférico, in de cabinelift kun je over de rivier naar het Casa de Campo zweven.

Onder de Paseo de Pintor Rosales, metro: L 3, 6 Moncloa, L 2, 3, 10 Plaza de España, L 3, 4, 6 Argüelles. Teleférico, www.teleferico.com, dag. ca. 12 uur tot zonsondergang, half sept.-half mrt. alleen za., zo., retour € 5,90, kinderen onder de 3 jaar gratis

Koninklijke tuin
Campo del Moro 🕮 B 5/6

Het paleispark onder de westgevel van het Palacio Real is ongetwijfeld een van de mooiste groene gebieden van Madrid. In 1109 verbleef hier de Berbervorst Jusuf met zijn troepen, en sindsdien heet het terrein 'Morenkamp'. Inmiddels heerst er een vrediger stemming, de drukte van de stad is ver weg. Wandelpaden, groen, fonteinen, uitzicht op het paleis – hier kun je rustig een boek lezen.

Paseo de la Virgen del Puerto s/n, metro: L 2,5 Ópera, L 6, 10 Príncipe Pío, dag. 10-18, in de zomer tot 20 uur

Liefdevol verzorgd
Jardines de Sabatini 🕮 B/C 5

Bloemen en struiken, cipressen en beelden, fonteinen en banken – het enige wat hier stoort zijn de toeristen. Nou ja, je bent er zelf één. De avonduren zijn in het mooie park direct aan de noordkant van het paleis bijzonder aangenaam.

Bailén 2, metro: L 2 Ópera, dag. 9-21/22 uur

De tuin van de schilder
Museo Sorolla 🕮 F 1

Tot het woonhuis van de 'schilder van het licht', tegenwoordig een museum (► blz. 79), behoort een schitterende tuin. Hij is voor iedereen geopend, maar bijna niemand weet het. Het complex met zijn bloembedden, waterreservoirs, sculpturen, schaduwrijke bomen, banken en *azulejos* herinnert aan Andalusische tuinen als die van het Alhambra. Een perfecte plaats om te pauzeren.

Paseo General Martnez Campos 37, di.-za. 9.30-20, zo., feestdagen 10-15 uur

Waar je verblijft

Wat is er mooier dan de voordeur uit te stappen en gelijk het volle leven in te duiken? Op deze bladzijden stellen we een aantal overnachtingsgelegenheden voor die zich daar uitstekend voor lenen: je in Madrid thuis voelen.

Hiertoe biedt het aanbod aan relatief jonge hotels, waar modern design een belangrijke plaats inneemt, de beste gelegenheid. Het Madrileense aanbod aan accommodatie is zo omvangrijk en divers, dat je buiten de beursperioden goede en relatief voordelige kamers kunt vinden. Het is de moeite waard om over de prijs te onderhandelen respectievelijk het actuele aanbod van de websites van hotels en/of de grote bookingsites goed te bestuderen.

Waarom als alternatief voor een hotel niet eens een *hostal* proberen? Hostales zijn meestal door families gedreven pensions. Vele liggen in het centrum in etagewoningen en bieden kamers zonder ontbijt, maar met een eigen badkamer. Ze hebben vrijwel dezelfde standaard als een hotel. Bij het woord hostel denk je aan backpackers, en dat is natuurlijk correct. Maar er zijn uitgesproken fraaie hostels in Madrid en wanneer je als groep of gezin een kamer deelt, kun je de keuken en algemene ruimtes ook gebruiken en hier mensen uit de hele wereld leren kennen.

Historische noblesse: hotel Mediodia stamt uit de belle époque. Ook Madrid kent hotels in verschillende stijlen.

OM ZELF TE ONTDEKKEN

Het mooist verblijf je in de oude stad of in Salamanca. **Online** naar een passend onderkomen – hotel, hostal of vakantiewoning – zoeken, doe je via hotelsites als booking.com.

Steeds meer bezoekers maken gebruik van **Airbnb** (www.airbnb.com). Honderden particuliere adressen, van eenvoudige gastenkamers voor minder dan € 20 tot complete woningen. Helaas voor de stad gaat een deel van de inkomsten aan de fiscus voorbij en worden de woningen zo aan de krappe Madrileense huizenmarkt onttrokken. Hetzelfde probleem doet zich voor in Amsterdam en Brussel …

Bij de **prijsopgaven** voor een tweepersoonskamer (2 pk) is de IVA (10% btw.) inbegrepen, eenpersoonskamers (1 pk) kosten ca. 60-70% van een 2 pk.

Grootvaders huis

Artrip Hotel E 8

De eigenaar heeft het grootouderlijk huis uit 1900 liefdevol verbouwd tot een klein hotel. In de ontvangstruimte hangt werk van jonge kunstenaars, dat ook te koop is: dat past bij de locatie in de artistieke wijk Lavapiés. Elke van de zeventien kamers heeft een bijzonder karakter, zeer veel flair bieden de ruimtes onder het dak. Het gevoel: hier voel ik me thuis in Madrid. Want tot de faciliteiten behoren steeds een waterkoker, drinkwater is gratis beschikbaar in flessen. De kleine ontbijtruimte is een gemeenschappelijke eet- en woonkamer.

Valencia 11, tel. 915 39 32 82, www.artriphotel.com, metro: L 3 Lavapiés, 2 pk circa € 120, ontbijt € 6, vroegboekkorting

Eenvoudig en toch met stijl

Hostal Gala kaart 2, D 5

Een herenhuis met hoge plafonds en smalle balkons, die zo karakteristiek zijn voor de huizen in Madrid. De kamers zijn aangenaam in zwart en wit gehouden, de badkamers klein maar functioneel. De appartementen boven in het huis bieden plaats aan een hele vriendengroep of familie – een zelfstandig verblijf met kookgelegenheid. Zeer aangename, jonge crew en een dag en nacht bereikbare receptie.

Costanilla de los Ángeles 15, 2° (2e verdieping), tel. 915 41 96 92, www.hostalgala.com, metro: L 2 Santo Domingo, L 3, 5 Callao, 2 pk vanaf € 60-70, kamer met 3 bedden vanaf € 80, appartementen (boven in het pand) voor max. 6 pers. vanaf € 170

Onder de hoede van de gebroeders Gonzalo

Hostal Gonzalo kaart 2, F 6

De broers Javier en Antonio Gonzalo leiden dit hostal in de wijk Huertas. Een oude lift brengt de gasten naar de 3e verdieping. Uitstekende ligging, alle belangrijke bezienswaardigheden liggen op loopafstand. Gelukkig is de Calle de Cervantes een van de rustigste straten van de wijk. Het hostal is bijzonder schoon. Alle kamers beschikken over een badkamer, tv en verwarming. De broers maken het hun gasten graag naar de zin en staan ze met raad en daad terzijde.

Cervantes 34, 3° (3e verdieping), tel. 914 29 27 14, www.hostalgonzalo.com, metro: L 1 Antón Martín, 2 pk € 50-65, kamer met 3 bedden € 65-80

Voordelige klassieker

Hotel Mediodía F 7

Het Mediodía, tegenover station Atocha en naast het Centro de Arte Reina Sofía, heeft de charme van een degelijk hotel: traditioneel met rijkversierde gevel en smeedijzeren balkons, een receptie met tapijten, stucwerk en kroonluchters. De 165 kamers hebben een parketvloer en een ruime badkamer. Goede prijs-kwaliteitverhouding. De kamers aan de binnenplaats en aan het plein zijn rustiger.

Plaza del Emperador Carlos V 8, tel. 915 27 30 60, www.mediodiahotel.com, metro: L 1 Atocha, 2 pk vanaf ca. € 60, ontbijt € 4,50

Midden in de scene

One Shot Prado 23 kaart 2, E 6

Eenvoudige, moderne studio's met houten vloeren in de schrijverswijk. Minimalistisch, maar een paar kunstwerken en kleurig geschilderde kamerdeuren bieden een contrast. Het geheel is ingericht door Las 2 Mercedes, twee jonge ontwerpsters uit Sevilla, die allebei Mercedes heten. Wie met meer dan een kopje koffie wil ontbijten, gaat naar het culturele centrum Ateneo direct ernaast. Een zusterhotel, het **One Shot Recoletos 04**, ligt in een rustige straat in de wijk Salamanca (F 5).

Calle Prado 23, tel. 914 20 40 01, www.hoteloneshotprado23.com, 2 pk vanaf € 115; One Shot Recoletos 04: Salustiano Olózaga 4, tel. 911 82 00 70, www.hoteloneshotrecoletos04.com, 2 pk vanaf ca. € 90

Hightech in een oud pand

Petit Palace Santa Bárbara F 3

Aan de rand van de trendy wijk Chueca en direct aan het aangename Santa-Bárbaraplein ligt dit mooie, meerdere verdiepingen tellende herenhuis, met binnen modern design. Het oude trappenhuis in het historische pand is een lust voor het oog; de binnenplaats

De binnenhuisarchitect heeft zijn werk goed gedaan. Het concept van hotel Room Mate Mario ziet er bijzonder fraai uit.En de hond bijt zeker niet!

is een aangename, rustige plek. Ook kamers voor rokers. Voor gasten zijn er gratis leenfietsen beschikbaar. Jazzliefhebbers vinden direct onder in het huis een club.

Plaza Santa Bárbara 10, tel. 913 91 44 21, www.hthotels.com, metro: L 4, 10 Alonso Martínez, 2 pk vanaf ca. € 140, ontbijt € 15, speciale aanbiedingen onder € 100

Herberg voor handelsreizigers

Posada del León de Oro

kaart 2, D 6

Dit was ooit een typische stadsherberg. Met paard en koets aangekomen kooplieden kwamen door een groot portaal op de binnenplaats van het charmante complex. Nu zijn er zeventien kamers in trendy-modern design. In de *enotaberna* onder in het pand of in het restaurantgebied Cava Baja direct voor de huisdeur – voor de innerlijke mens wordt hier goed gezorgd.

Cava Baja 12, tel. 911 19 14 94, www.posadadelleondeoro.com, metro: L 1 Tirso de Molina, L 5 La Latina, 2 pk € 108-268, ontbijt € 12

Etagehotel in vintagelook

Praktik Metropol kaart 2, E 5

De grote lounge op de 1e verdieping met zijn prachtige combinatie van interieurs uit nieuw en vintage ademt een huiselijke en uitnodigende sfeer. De 71 kamers, die over meerdere verdiepingen verdeeld zijn, kunnen zich daaraan meten. Bijzonder fraai zijn de ruime skyline-kamers op de 9e verdieping. Een terras met ligbedden biedt uitzicht op de Calle Montera. Voor het ontbijt neem je met de andere gasten plaats aan een lange tafel.

Montera 47, tel. 915 21 29 35, www.praktikmetropol.com, 2 pk € 50-170, ontbijt € 4

Generatie Facebook-feeling

Room 007 kaart 2, E 6 en E 4

De slaapruimtes, die je hier deelt, zijn niet alleen bij jonge en zeer jonge reizigers en hipsters geliefd, maar ook bij kleine groepen en families. Tweepersoonskamers zijn er overigens ook. In elk geval is de sfeer informeel. De bar en lounge zijn aangenaam, binnen is het rustig, direct voor de deur vermengt men zich met de trendy flaneurs en feestgangers.

Hortaleza 74, tel. 913 68 81 11 en Ventura de la Vega 5, tel. 914 20 44 81, www.room007.com, 2 pk vanaf € 65, in de slaapzaal (vanaf 4 pers.) vanaf € 16,50

Chic

Room Mate Mario kaart 2, C 5

Mario was het eerste hotel van de keten

Room Mate van Kike Sarasola. Als olympisch sporter (ruiter), die zich moedig als gay profileerde, neemt hij in de hotellerie een bijzondere plaats in. Dat is in zijn hotels aangenaam merkbaar. Mensen uit de grote stad zullen het ongecompliceerde hotel met 54 kamers achter de eenvoudige gevel van een herenhuis zeker waarderen. De sfeer is ongedwongen, het ruimte- en designconcept fris en modern. Fantastische ligging midden in de oude stad in een rustige straat.

Campomanes 4, tel. 915 48 85 48, www.roommatehotels.com, metro: L 2, 5, R Ópera, 2 pk € 100-180 incl. ontbijt

Smart en eco

The Hat Madrid kaart 2, D 6

In een ontspannen sfeer verblijf je in dit hostel midden in Madrid, direct bij de Puerta del Sol, in een kamer met meerdere bedden of in een eigen tweepersoonskamer met douche. Fairtrade, duurzaamheid en gelijke behandeling staan hier centraal. De energie komt uit duurzame bron, papier is er alleen op het toilet. Het zonneterras is fantastisch – zowel voor het ontbijt als een sundowner. Een hostel waar je het naar je zin hebt.

Imperial 9, tel. 917 72 85 72, thehatmadrid.com, metro: L 1, 2, 3 Sol, plaats in een kamer met meerdere bedden vanaf ca. 25, 2 pk vanaf ca. € 75

Op het dak een foodtruck

The Mint kaart 2, E 5

Veel is hier anders. Dat begint al bij de receptie: je checkt in aan de toog van een bar. En het eindigt met het dakterras en de mintkleurige foodtruck, waar je met snacks en drankjes, en een mooi uitzicht, kunt chillen. Mint en allerlei andere groentinten bepalen de kleur in het huis, waar het niet ontbreekt aan designideeën en avantgardistische accenten. De geluiddichte ramen zijn goed en ook wel nodig, want je verblijft hier aan de mooie stadsboulevard Gran Vía.

Gran Vía 10, tel. 912 03 06 50, www.vinccithemint.com, metro: L 1, 5 Gran Vía, L 2 Banco de España, 2 pk vanaf € 150, deels ook goedkoper

Hostel van het betere soort

TOC Hostel Madrid kaart 2, D 5

Zo wil je in een grote stad logeren: in een oud gebouw met parketvloeren, honderdjarige tegels, hoge stucplafonds. De 55 kamers van het Toc Hostel bevinden zich in zo'n huis midden in de stad. Mooie lounge, keuken en biljartkamer. Er zijn tweepersoonskamers voor stellen, gezinskamers, een vrouwenslaapzaal met zes bedden en een gemengde slaapzaal voor maximaal acht personen, steeds met badkamer.

Plaza Celenque 3-5, tel. 915 32 13 04, www.tochostels.com/madrid, 2 pk vanaf € 90, gezinskamer vanaf € 160, bed op slaapzaal vanaf € 26, ontbijt € 5

Voor jongeren en hipsters

U Hostels E 3

Voordelig overnachten voor mensen uit de hele wereld en van alle leeftijden. Voor stellen, gezinnen en kleine groepen, in een moderne, verzorgde sfeer. In het vijf verdiepingen tellende huis in de oude stad bij Chueca vind je kamers voor twee tot twaalf personen en gemeenschappelijke ruimtes. Grote kamers, de meeste met balkon.

Sagasta 22, tel. 914 45 03 00, www.uhostels.com, metro: L 4, 5, 10 Alonso Martínez, L 1, 4 Bilbao, 2 pk € 60, gemeenschappelijke slaapkamer € 14-24 per pers. incl. ontbijt

Boutique-hostal

Vitium Urban Suites C 4

Een typische hotelingang? Niet dus. Met de lift ga je naar de 5e verdieping, naar de twaalf lichte kamers met een fraai modern design, hoog boven de Madrileense boulevard. De categorieën standard, deluxe en premium onderscheiden zich voornamelijk door hun grootte en aanvullende zitgelegenheid. Goede toeristische diensten: bemiddeling bij fietsverhuur, rondleidingen, toegangsbewijzen, uitstapjes.

Gran Vía 61, 5º (5e verdieping), tel. 911 16 41 44, www.vitium.es, metro: L 3, 10 Plaza de España, 2 pk 65-€ 110 incl. klein ontbijt

Geen dag zonder tapas...

Alles in deze stad draait van 's ochtends vroeg tot middernacht op de een of andere manier om eten. Dit is een paradijs voor hongerigen en fijnproevers, een gastronomisch landschap, waardoorheen melk en honing vloeien. Geen straat zonder café, bar, taverne of restaurant. En reken maar dat de meeste zaken oké, goed of excellent zijn. Eigenlijk jammer, dat je niet elk uur iets kunt eten.

In de centrale wijken is het gastronomisch aanbod bijzonder rijk. Daar vind je tavernes, wijnbars avant-garderestaurants, Aziatische, Afrikaanse en Latijns-Amerikaanse eettentjes – en daartussen af en toe een sterrenkok, daarvan zijn er in Madrid vele. Eten als levensstijl en als deel van de cultuur kan als voorheen in de vele historische, deels honderdjarige tavernes in de oude stad, waar je een reis terug in de tijd maakt, inclusief proeverijen van ingewanden en stierenstaart.

Komen vegetariërs in de stad ook aan hun trekken, vraag je je nu af? Geen probleem, hoewel het aantal puur vegetarische of veganistische restaurant niet al te zeer is gestegen. Maar groentegerechten en salades staan overal en niet pas sinds kort op de menukaarten.

Madrilenen gaan graag uit, spreken af met vrienden en dat meestal om te eten of voor wijn en tapas. Een glaasje en een hapje vormden in Spanje altijd al een prachtig duo.

Deze drankjes zijn bijna een hele maaltijd. Ze heten caipiroska de fresa en maken je erg blij.

OM ZELF TE ONTDEKKEN

Restaurantgebieden waar je zelf op ontdekking kunt zijn de Cava Baja en de nabijgelegen Plaza de la Paja in de oude stad (► blz. 27), de Plaza de Santa Ana inclusief de straten Echegaray en Ventura de la Vega in de schrijverswijk Huertas (► blz. 33), de Calle Argumosa in Lavapiés (► blz. 42) en de Calle de la Libertad in Chueca (► blz. 61).

Actuele ontdekkingen uit de **gastronomische scene** vind je in de bijlage *Metropoli* van het dagblad *El Mundo* en online op www.metropoli.elmundo.es/comer of www.guiadelocio.com/madrid/restaurantes en www.sabormadrid.es. De website www.restaurantescentenarios.es toont, zoals de naam al doet vermoeden, etablissementen die al bestonden toen jij nog geboren moest worden. Traditioneler kan het niet.

ZO BEGINT EEN GOEDE DAG

Choco in de ochtend

Chocolatería de San Ginés kaart 2, D 5

Wanneer de zon opgaat, is deze beroemde chocolatería een goede plaats om de dag te begroeten. Een heerlijke kop chocolademelk helpt om je te versterken – of een kater te verdrijven! Daarbij eet je vers in olijfolie gefrituurde *churros* of *porras* (vet gebak), die in de cacaodrank worden gedoopt. Nog wat: in de straat bij de San-Ginéskerk is het leuk zitten.

Pasadizo de San Ginés 5, www.chocolateriasangines.com, metro: L 1, 2, 3 Sol, dag. 0-24 uur

Zo ontbijten mediamensen

El Azul de Fúcar kaart 2, F 6

De dag beginnen met een krant of boek of met Facebook en mailtjes? Dat kan hier. Daarbij is er een rijke keus aan ontbijt: klassiek met toast, Frans met croissants, Scandinavisch met zalm, Spaans met ham, tomaten en olijfolie, en daarna iets zoets.

Fúcar 1, metro: L 1 Antón Martín, Atocha, www.el-azul.es, ma.-do. 10-0.30, vr. 10-1.30, za. 11-1.30, zo. 11-24 uur

Rustig begin van de dag

Federal Café C 3

De twee Oostenrijkse eigenaren menen in elk geval dat er niets heerlijkers is dan het kalm aan te doen. Daarvoor zijn de grote ramen aan de rustige plaza met het Comendadorasklooster heel geschikt. En daarbij kun je de tijd verdrijven met toast, een sandwich, een salade of een dagschotel.

Plaza Comendadoras, 9, metro: L 2, L 3, L 10 Noviciado, www.federalcafe.es, ma.-do. 8-24, vr. 8-1, za. 9-1, zo. 9-17.30 uur, toast/koffie vanaf € 4

'Totaalbar': alles is mogelijk

Majaderitos Café kaart 2, D/E 6

Iedereen die Majaderitos kent noemt het gewoon 'El Maja' (De Leuke). De traditionele café-taverne ligt een beetje verstopt in de schrijverswijk en hanteert het concept van een *totaalbar*. Zoals voor Madrileense wijkbars gebruikelijk is hij van 's morgens tot middernacht geopend. Er wordt de hele dag gekookt en geserveerd. Een licht ontbijt met *churros* en *porras* of gelijk het echte werk met spiegeleieren en spek. Iedereen wordt hier aardig bediend en krijgt waar hij zin in heeft. Met een terras aan de straat.

Cádiz 9, metro: L 1, L 2, L 3 Sol, www.elmaja.es, ma.-vr. 7-24, za. 8-24/1.30, zo. 9-24 uur, ontbijt vanaf € 4/5

Wat anders dan witbrood

Harina E 4 und G 5

In ruimtes die wit zijn als meel draait alles om het goede oude brood. De hele dag kun je hier terecht voor koffie, brood en broodjes in alle varianten, plus sandwiches, taart, ijs, sappen en zelfs pizza. Er is ook een terras.

Augusto Figueroa 2, www.harinamadrid.com, metro: L 1, 5 Gran Vía, L 5 Chueca, dag. 8.30-22.30 uur; Filiale: Plaza de la Independencia 10, brunch vanaf € 12

C
CAFÉS

Hoge plafonds, stucwerk, kroonluchters, netjes geklede kelners, sissende espressomachines – Madrids **honderdjarige cafés** kunnen zich meten met die van Wenen! Je denkt nu aan de klassieke etablissementen met koffie en taart? Dat klopt zeker, plus gerechten, van tapas tot dagmenu's. Op welk tijdstip dan ook, **Gijón** en **Espejo** aan de Paseo de Recoletos (► blz. 53), **Café de Oriente** bij het paleis (► blz. 31) en **Café La Pecera** in de Círculo de Bellas Artes (► blz. 58) zijn altijd een bezoek waard. Historisch gezien zijn het ontmoetingsplaatsen van schrijvers, debatteerclubs en vriendenkringen, die hier nog altijd over de toestand in de wereld discussiëren.

DUURZAAM ETEN

Fantasierijk

Artemisa kaart 2, E 6

Pizza, pasta, moussaka, wokgerechten: er is volop keus. Afwisselende vegetarische keuken: op de kaart staan onder andere gevulde aubergines, brandnetelmousse, salades, pizza en biologische wijn. Alle gerechten zijn ook als takeaway verkrijgbaar. Dit is nog voordeliger.

Ventura de la Vega 4, tel. 914 29 50 92, www.restaurantesvegetarianosartemisa.com, metro: L 2 Sevilla, dag. 13.30-16, 21-24 uur, vanaf € 25, middagmenu ma.-vr. ca. € 13

IN MARKTHALLEN ETEN

Iedere *barrio* heeft zijn overdekte markt, waar groente, fruit, kaas, ham, vis en vlees worden verkocht. Kleine bars of delikramen serveren tapas en meer. Op de 2e verdieping van de **Mercado de Antón Martín** (kaart 2, E 7) serveert **Botánique** (www.botanique.es, ma.-za. 10-23 uur) vegetarische kost. Achter de betonnen gevel bleef de **Mercado de San Fernando** in Lavapiés (D 7/8) authentiek. De **Mercado de San Miguel** (kaart 2, C 6) naast de Plaza Mayor is ondertussen een gastronomisch centrum, net als de **Mercado de San Antón** (E 4) in Chueca. Cooler zijn de streetfoodkramen in de **Mercado de San Ildefonso** in de Calle de Fuencarral (Chueca, ▶ blz. 60).

Veganistisch voor wie haast heeft

B13 D 4

Hier vind je iets wat eigenlijk niet bestaat: tortilla, de klassieke aardappelomelet, helemaal zonder ei! Alle gerechten in dit ontspannen café-restaurant zijn 100% veganistisch. Hamburgers, hotdogs, kebab – seitan en soja maken het mogelijk. Milkshakes kosten € 3.

Ballesta 13, metro: L 1, 5 Gran Vía L 1, 10 Tribunal, www.b13bar.com, wo.-zo. 13.30-17.30, 20.30-23/24, vr., za. gedeeltelijk tot 1 uur, half juli tot eind aug. en een week in jan. gesloten

Nog gezonder bestaat niet

La Biotika kaart 2, E 6

Een pionier van de vegetarische scene in de schrijverswijk. Vegetarisch, macrobiotisch, veganistisch – het doel is duidelijk: een gezonde geest in een gezond lichaam. Het menu moet glutenvrij, lactovrij of suikervrij zijn? Ook geen probleem. Voor proteïne, vitamines en sporenelementen wordt altijd gezorgd. Wie zelf wil koken, kan de ingrediënten kopen in de bijbehorende biologische winkel.

Amor de Dios 3, tel. 914 29 07 80, www.labiotika.com, metro: L 1 Antón Martín, dag. 13-16.30, 20-23.30 uur, menu € 12-16

Ecologisch verantwoord

El huerto de Lucas F 4

Midden in Chueca ligt dit 'eiland van natuur en gezondheid in de stad.' Wat je in de winkel koopt of ter plaatse in de kantine gebruikt, is 100% ecologisch verantwoord: vrij van pesticiden, hormonen, conserveringsmiddelen en andere toevoegingen. Daarbij staat fairtrade centraal. In de *cafetería* worden sappen, koffie en thee geserveerd, in de *cantina* groentegerechten uit de wok naast biobaars en hamburgers van biologisch rundvlees.

San Lucas 13, metro: L 5 Chueca, www.elhuertodelucas.com, ma., di. 10-20, wo.-za. 10-24, zo. 11-17 uur, markttijden korter, gerechten € 7-20

Bij landmama

Mamá Campo E 2

In deze taverne worden de typische Spaanse tapas (ook als iets grotere *raciones*) geserveerd. Het verschil: alle producten zijn afkomstig van duurzame landbouw of kleine producenten dicht bij de stad. Het groente-aanbod volgt de jaargetijden. Vlees en vis zijn van biologische oorsprong. Een consequent duurzaam standpunt heeft landmama ook bij de inrichting, die uit natuurlijke of gerecyclede materialen bestaat.

Plaza de Olavide, hoek Trafalgar, metro: L 1, 4 Bilbao, tel. 914 47 41 38, www.mamacampo.es, dag. 13-24/1.30 uur. restaurant zo. -avond, ma. en in aug., winkel za.middag en zo. gesloten, vanaf € 25

De vegetarische taverne

Restaurante vegetariano

kaart 2, C 6

Een bescheiden verschijning: bij het oude houten portaal staat discreet 'Restaurante vegetariano'. Als je het adres niet kent, loop je er snel aan voorbij. Het beste aan deze kleine zaak in de stijl van een Madrileense taverne is dat je er ook buiten kunt zitten, in een autovrije straat in de oude stad. En het eten bij Kaori en Dani is zo goed, dat zelfs mannen geen vlees missen.

Santiago 9, metro: L 2, L 5 Ópera, L 1, L 2, L 3 Sol, tel. 917 58 35 88, zo., ma. 13-16, di.-za. 13-16, 20-23 uur, in aug. deels gesloten, dagschotel € 11, andere kost € 15-25

KLASSIEKERS EN HIPPE ZAKEN

Andalusische variaties

BIBO ten noorden van F/G 1

Dani García uit Málaga (die al een Michelinster heeft ontvangen) opende in de herfst van 2016 zijn hoge, lichte restaurant in Madrid, waar je in de keuken kunt kijken. Er wordt gebakken, gebraden en gekookt. Traditionele en nieuwe tapas en Andalusisch geïnspireerde gerechten, waarbij tonijn (heerlijk!) niet mag ontbreken. 's Middags wordt het snel druk, de stropdassendragers uit de kantoren komen aan tafel. Je kunt echter ook aan de mooie ronde bar gaan zitten. De combinatie van formeel en informeel, etiquette en luchtigheid is goed. Zijn er een paar kelners te veel? Prima, dat zijn weer extra arbeidsplaatsen!

Paseo de la Castellana 52, tel. 918 05 25 56, www.grupodanigarcia.com, dag. 12/13-24 uur, vanaf ca. € 35

TORTILLA ESPAÑOLA

Aardappelomelet is een Spaans basisgerecht. Je vindt het in elke bar en op elke tapaskaart. Bijzonder goed smaakt hij in **Las Tortillas de Gabino**, Rafael Calvo 20, www.lastortillasdegabino.com (F 2), bij **Txirimiri**, Humilladero 6, www.txirimiri.es (kaart 2, C 7) of bij **Juana la Loca**, Puerta de Moros 4, www.juanalalocamadrid.es (kaart 2, C 7).

Tapas forever

Bodegas Rivas D 3

De Bodegas Rivas zijn spoedig honderd jaar oud. Sinds 1923 komen hier de *vecinos*, de buren, en inmiddels ook alle mensen die naar het nachtleven en de trendy muziekclubs van Malasaña trekken. Het tapasaanbod is bijzonder omvangrijk en er zijn ook dagschotels. Daarbij, als je zin hebt, pedro-ximénez-wijn (sherry) of vermouth van het vat.

La Palma 62, metro: L 2, 3,10 Noviciado, tel. 917 29 50 64, ma.-do. 7-24, vr.-zo. 7-2 uur, vanaf € 15

Tapas met een goed gevoel

Celso y Manolo kaart 2, E 5

Je kunt gewoon aan de bar gaan zitten – en misschien raak je direct in gesprek. De toog stamt nog uit de oude taverne van de twee mannen uit het Noord-Spaanse Asturië, Celso en Manolo, die de zaak lang hebben geleid. Nu heeft de volgende generatie het roer overgenomen. De sfeer is ontspannen, de keus aan tapas en *raciones* goed. Salade, kroketten, tortilla, kaas, stokvis en *chuletón* (kotelet) in twee varianten: van biorund of zonder vlees, bestaande uit tomaten, avocado, papaja, mango, rode ui en koriander. Allemaal goed!

Libertad 1, metro: L 2 Banco de España, L 1, 5 Gran Vía, tel. 915 31 80 79, www.celsoymanolo.es, dag. 13-17, 19.30-2 uur

Hoge kookkunst in een fabriekssfeer

DSTAgE E/F 4

De zaak van de gerenommeerde Baskische kok Diego Guerrero, midden in Chueca, is zoiets als 'Diego's podium' (Eng.: *stage*) voor gastronomische experimenten. Verder staat DSTAgE ook voor *Days to smell, taste, amaze, grow & enjoy.* De ruimtes zijn aangenaam informeel, en hebben met stenen muren en metalen lampen iets van een fabriek: een kookfabriek. Er is geen kaart, je kunt kiezen uit twee menu's. Een plek voor avant-gardistische fusiongerechten.

Regueros 8, metro: L 4, 5, 10 Alonso Martínez, tel. 917 021 586, www.dstageconcept.com, ma.-vr. 13.30-15.30, 21-23 uur, menu's € 88-118

Wat heeft die driewieler te betekenen?

El Triciclo kaart 2, E 6

Triciclo, de 'Driewieler', overtuigt al door de behaaglijke inrichting met decoratief geplaatste minidriewielers. De keuken biedt verse en uitstekende gerechten, slowfood in plaats van fastfood, die worden begeleid door een goed glas Spaanse wijn. Lamsvlees uit de oven, stokvis, gegrilde octopus – werkelijk goed! Wie geen plaats krijgt (reserveren), kan naar de bar uitwijken en tapas of *raciones* proberen.

Santa María 28, tel. 910 24 47 98, www.eltriciclo.es, metro: L 1 Antón Martín, ma.-za. 13-16, 20-0.30 uur, hoofdgerecht vanaf € 20

Het eten komt eraan, spannend. Maar geen zorgen, in de Taberna La Carmencita is alles oké. Dat vond al Pablo Neruda – wie kent hem niet? Chileen, dichter … siempre por el pueblo … Hij wist wat goed is.

Carne roja

Julián de Tolosa kaart 2, C 6

Rustiek restaurant in de oude stad met een gewelf in het souterrain, dat met enorme *tinajas* (aardewerken potten) is gedecoreerd. Een goed adres voor vlees, en dan met name runderkoteletten (een is genoeg voor twee) en *pimientos del piquillo* (gestoofde rode paprika). De eersteklas producten uit Navarra (daar ligt de naamgevende stad Tolosa) worden naar wens boven of beneden in het gewelf geserveerd.

Cava Baja 18, tel. 913 65 82 10, www.juliandetolosa.com, metro: L 5 La Latina, L 1, 2, 3 Sol, ma.-za. 13.30-16, 21-24, zo. 13.30-16 uur, runderkotelet voor twee € 43

Madrileense stoofschotels

La Bola kaart 2, C 5

Een stoofschotel van kikkererwten, aardappels, wortelen, kool, kip of rundvlees, daarbij bloedworst, paprikaworst, spek – een stevig gerecht dat uren op het vuur moet pruttelen. Dat vind je in deze rustieke gelegenheid in de oude stad. Al 150 jaar komt hier 's middags *cocido a la madrileña* in aardewerken potten op tafel. La Bola staat verder geheel in het teken van de traditionele Madrileense keuken.

Bola 5, tel. 915 47 69 30, www.labola.es, metro: L 2, 5, R Ópera, ma.-za. 13-16, 20.30-23, zo. 13-16 uur, à la carte ca. € 35 (geen creditcards)

Ingewanden voor fijnproevers

La Tasquita de Enfrente D 4

Dit restaurant is klein, stijlvol en persoonlijk. Juanjo López lijkt op de een of andere manier altijd tegelijkertijd aan het fornuis en aan tafel bij zijn gasten te staan. Deze zaak, die een halve eeuw geleden als traditionele bar begon, is nu een populair restaurant. Want de essentie van de Spaanse keuken weet Juanjo met een vleugje innovatie fantastisch te vangen. Een standaardgerecht is pens, heerlijk en delicaat.

Ballesta 6, tel. 915 32 54 49, www.latasquitadeenfrente.com, metro: L 5 Gran Vía, ma.-za. 13.30-16.30, 20.30-24 uur, hoofdgerecht vanaf € 22

De smaken van cultuur

Taberna La Carmencita E 4/5

Grote schrijvers hebben al in de oude taverne gezeten en gegeten: Pablo Neruda, Rafael Alberti en Miguel Hernández. Bij de decoratieve wandtegels, houten toog en oude deuren passen bloemenborden en zilveren bestek. Verder is het een gezellige bistro, waar je 's middags en 's avonds ook gewoon een cocktail kunt drinken. Gekookt wordt hier naar 75 historische recepten, maar tegenwoordig met biovlees en biogroente. Ook rijst- en visgerechten staan op de kaart, de porties zijn enorm. De zaak kent een kleurrijk gemengde crew uit Spanje en Afrika.

Libertad, 16, metro: L 2 Banco de España, L 5 Chueca, tel. 915 31 09 11, www.tabernalacarmencita.es, dag. 9-2 uur, hoofdgerecht vanaf € 15

EXPERIMENTEEL EN BIJZONDER

Pretentieloos Baskisch

Barrutia y el 9 F 3/4

Niet verfijnd, eerder rustiek, het meubilair kleurrijk samengevoegd. De ruimtes zien er een beetje provisorisch uit en hebben toch stijl. Het lichte turquoise zorgt voor een mediterraan accent. Ook het personeel is gevarieerd. Kok en eigenaar Barrutia is Baskisch en alleen daarom al, quasi op genetische gronden, heeft hij verstand van eten en wijn. De tortilla met truffel is fantastsich, de *croquetas* met cabraleskaas zijn dat evenzeer, net als de rijst met sepia en schelpdieren. Vegetarische gerechten zijn op de menukaart met groen gemarkeerd.

Santa Teresa 9, metro: L 4, L 5, L10 Alonso Martínez, tel. 913 19 29 46, di.-za. 13-17, 20.30- 24/1, zo., ma. 13-17 uur, gerechten ca. € 8-15

Alleen al vanwege de kazen

Almacén de vinos – Casa Gerardo C 7

Deze oudestadtaverne in La Latina bestaat al zestig jaar. Daarvoor was het

O
OVERIGENS

Spaanse ham, **jamón ibérico**, is heel betaalbaar – en op iedere tapaskaart te vinden, zelfs op menukaarten van restaurants. Zelfs hipsters komen er inmiddels op af in bars van het type 'retro', waar hij met wijn of bier wordt gegeten. Hij moet vers met het mes worden aangesneden, vandaar dat je overal luchtgedroogde *patas* in de etablissementen ziet hangen. Goede kwaliteit herken je overigens aan de rode kleur en de bij kamertemperatuur glanzende plakken. Uitstekende hammen komen uit Extremadura en Jabugo in Andalusië.

een wijnwinkel, een *almacén de vinos*. En hij ziet er nog altijd uit als een typisch Castiliaanse bodega met enorme aardewerken potten, houten balkenplafonds en een oude bistro-inrichting. Naast andere tapas vind je hier de beste Spaanse kazen bij een glas wijn: idiazabal, manchego, gamoneu, cabrales, de romige torta de Carejal en de queso de hippie (hippiekaas) uit Noord-Spanje.
Calatrava 21, metro: L 5 La Latina, tel. 912 21 96 60, ma.-do. 13-16, 19.30-24, vr. 13-16, 20.30-1 za. 13-17-30, 20.30-1, zo. 13-17.30 uur, portie kaas vanaf € 10

Paddestoelen, ook zelf verzameld
Cisne Azul E/F 4
Deze pretentieloze zaak in Chueca telt maar weinig tafels. Hier zaten ook al lokaal bekende (media)mensen. Julián, gepassioneerd paddestoelenverzamelaar, die ze uit de bergen bij Madrid haalt, en zijn zoon Miguel serveren met wilde paddestoelen bereide gerechten, maar ook runderfilet, geitenkoteletten, stierenstaart en salades. De wijnen komen uit La Rioja en Ribera del Duero.
Gravina 19, tel. 915 21 37 99, metro: L 5 Chueca, ma.-za. 12-17, 20-24 uur, Goede Week en aug. gesloten, ca. 35-€ 40

Geniet van haar eten!
El Subastero de Málaga
kaart 2, E 6
Het gaat er hier net zo toe als in het zusterfiliaal El Tinterillo in Málaga. Wanneer het zo lekker loopt, wordt alles wat uit de keuken komt gewoon op afroep uitgedeeld. De kelner balanceert dan met zijn blad door de menigte en roept: *'¿Quién quiere boquerones?'* (Wie wil er ansjovis?), *'Traigo calamares!'* (Ik heb inktvis!) of *'¿Sardinas?'* (sardientjes?). Dus vinger omhoog en luid 'Aqui!' schreeuwen. Een menukaart is er echter ook: vis, zeevruchten en natuurlijk paella.
Carrera de San Jerónimo 32, tel. 911 56 89 13, metro: L 1, 2, 3 Sol, L 2 Sevilla, www.elsubasterodemalaga.es, zo.-do. 12.30-24, vr., za. tot 1 uur, gerechten/raciones vanaf € 8

Het diepe verlangen naar flamenco
La Caleta kaart 2, E 7
De lange ruimte imiteert de Plazuela del Tío de la Tiza, een van de mooiste oude stadspleinen van de Andalusische metropool Cádiz aan de Atlantische Oceaan. Op de wand worden historische

BOCADILLOS FOREVER

El Porrón Canalla, zo heet de taverne waar chefkok Juanjo López van het naburige La Tasquita de Enfrente (D 4/5, ► blz. 95) de *bocadillo*, het goed belegde broodje, heeft herontdekt. Ze worden belegd met aardappelomelet, ingelegde tonijn met paprika, Iberische ham, varkensspek met ei, olijven en ui, calamares … En wie het aandurft, drinkt daarbij wijn of bier uit een *porrón*, wat elders allang uit de mode is: een glazen karaf met een lange drinktuit, waaruit je de wijn als vroegere boeren en bandieten in je mond laat stromen. Wordt vaak een knoeiboel, maar wat geeft het.
Ballesta 2, www.elporroncanalla.com, ma.-vr. 13-16, 19-1, za. 13-1 uur, vanaf € 5

De ham glanst zijdeachtig... En een glaasje wijn erbij! Wat valt er nog meer te wensen? Het bewijs hoe goed het is: ook de jeugd heeft de traditie overgenomen.

live-flamenco-opnamen geprojecteerd. Je ziet en hoort de beroemde artiesten Paco de Lucía of Camarón de la Isla. Ook de keuken citeert met gefrituurde vis, tonijn of *cazón en adobo* (gebakken doornhaai), gedeeltelijk in papier geserveerd, de traditie van de Andalusische Atlantische kust. Een bijzondere plek.

Santa Isabel 38, tel. 645 38 80 77 www.lacaletagaditana.es, metro: L 1 Antón Martín, dag. 13.30-16.45, 20.30-24 uur, vanaf € 10 *(ración)*

Schoentjes die vullen

Melo's kaart 2, E 7

Ramón staat achter de bar, zijn dochter maakt het eten. De meeste mensen willen *croquetas* (kroketten) of *zapatillas* (geroosterd brood, dik belegd met gekookte ham en kaas). Deze *zapatillas* (schoentjes) dienen niet om te lopen, maar om te vullen. In razend tempo worden alle bestellingen op tafel gezet, daarom is er vaak geen tijd om de paar tafels schoon te maken. Dat doen de gasten hier zelf. Of ze eten terwijl ze staan. Het publiek is jong, maar er komen ook oudere gasten uit de wijk. Als Galiciër houdt Ramón er niet van als je foto's maakt. In Galicië geloven veel mensen tot op de dag van vandaag dat hun ziel wordt geroofd wanneer ze worden gefotografeerd.

Ave María 44, di.-za. 20-1.30 uur, in aug. gesloten, zapatillas vanaf € 11

Zoals bij een vriendin thuis

Olivia te cuida F 3/4

Olivia heet eigenlijk Ester, maar dat rijmt in dit geval niet zo lekker: Olivia te cuida – Olivia verwent je. Namelijk in een kleine ruimte, zo groot als een woonkamer, in Chueca. Hier kookt ze 's middags voor degenen die hier aan de ruimtevullende tafel of op de plekken eromheen gaan zitten. Met salade, groente, bulgur of rijst, plus vis of vlees, alles vers bereid, maakt Olivia het haar gasten naar de zin. Of met zelfgemaakte taart. Een zeer persoonlijke plek.

Santa Teresa 8, tel. 917 02 00 66, op Facebook, ma.-vr. 9-17, za. 10-17 uur, dagschotel ongeveer € 20, reserveren!

De mix doet het hem

Ook dat hoort bij het plezier in Madrid: door de straten lopen en je door een kleurrijke verzameling winkels laten inspireren. De mix van moderne concepten en ouderwetse zaken, superstores en kleine winkeltjes doet het hem. Verrassend: nog steeds overleven in het centrum een paar familiebedrijven en centenarios, honderdjarige traditionele winkels.

Zara is ondertussen wereldwijd een uithangbord voor de *moda a la española* geworden. De mode- en schoenenketen behoort tot de meest creatieve industrieën van Spanje. Op de modebeurs in september toont ze haar collectie, die dan spoedig over de hele wereld in de etalages ligt. De website www.madridcapitaldemoda.com presenteert de stad als modemetropool en hoofdstad van het Spaanse design. Natuurlijk hebben alle Spaanse haute couturiers hier hun shop of showroom. Madrid biedt de gelegenheid om kleding en schoenen in alle prijs- en kwaliteitscategorieën te kopen.

Daarnaast heeft een handvol gerenommeerde zaken overleefd, ondertussen met een eigen website: www.comercioscentenariosdemadrid.es. In veel oude winkels in de oude stadswijken is echter een jongere generatie getrokken die vol zit met creatieve ideeën. Genoodzaakt door de crisis probeert ze in de kleine commercie een perspectief te vinden. Met verfrissende ideeën fleuren ze de scene op.

De shops in de trendy wijk Malasaña presenteren hun mode behoorlijk hip.

OM ZELF TE ONTDEKKEN

Aan de boulevard Gran Vía begint de **centrale shoppingzone**, die zich voortzet rond de Puerta del Sol in de voetgangersstraten Arenal, Mayor, Preciados, Carmen en Montera.

Aan de Calle de Fuencarral tussen Chueca en Malasaña vind je kleine **mode- en trendy winkels** voor jonge en zich jong voelende shoppers.

De Calle de Serrano is het adres van de grote Spaanse en internationale **haute couturiers.** Nog altijd een van de chicste modestraten van Madrid.

Winkels van de **alternatieve scene** zijn geconcentreerd in de wijken Chueca, Malasaña en Lavapiés.

LEZEN EN LUISTEREN

Kookboeken en kooklessen

A Punto E 4

De keuken van Spanje, de keukens van de wereld in kookboeken. Alleen door erin te bladeren krijg je al trek en zin om het zelf te maken. De mooie uitgaven zijn er gedeeltelijk ook in buitenlandse talen.Ter aanvulling op het aanbod aan wijnboeken kun je ter plaatse een glaasje drinken. Op de website vind je ook kookcursussen en wijnproeverijen.

Hortaleza 64, www.apuntolibreria.com, metro: L 5 Chueca, ma.-za. 11-21, zo. 12-15 uur, in de zomer ma.-vr. 11-15, 17-21 uur, in aug. twee weken gesloten

De cultuurwinkel

FNAC kaart 2, D 5

Een enorme keus aan muziek uit alle richtingen, waaronder een grote flamenco-afdeling en Spaanse bands, films, boeken en tijdschriften naast internationale uitgaven. Het FNAC is een culturele supermarkt midden in de stad, inclusief voorverkoop van kaartjes voor concerten en optredens.

Plaza del Callao s/n, www.fnac.es, metro: L 3, 5 Callao, ma.-za. 10-21.30, zo., feestdagen 11.30-21.30 uur

In de boekenhemel

La Central kaart 2, D 5

Dit is de mooiste boekhandel van Madrid. In het honderdjarige pand met salons en gestucte plafonds zien boeken er extra goed uit. Tot het omvangrijke literaire aanbod behoren ook originele uitgaven in vreemde talen. In de bistro onder in het complex kun je bij een kopje koffie of hapje direct een boek openslaan.

Postigo de San Martín 2, metro: L 3, 5 Callao, www.lacentral.com, boekwinkel ma.-do. 10-21.30, vr., za. 10-22 uur

Grammofoonplaten en dvd's

La Metralleta kaart 2, D 5

De goede oude vinylschijf is weer helemaal hip, de afspeelkwaliteit maakt het mogelijk. Al meer dan dertig jaar, in het begin met een kraam op de Rastro (vlooienmarkt), heeft La Metralleta zich in de aan- en verkoop van oude collecties en rariteiten van alle soorten muziek gespecialiseerd. Cd's zijn er vanaf € 3.

Plaza de San Martín, in de ondergrondse winkelgalerij bij de parkeergarage, www.discoslametralleta.com, metro: L 3, 5 Callao, ma.-za. 10-14.30, 16.30-21 uur

SPANJE PROEVEN

Banketbakkerij

Antigua Pastelería del Pozo kaart 2, E 6

Deze in 1830 opgerichte traditionele banketbakkerij maakt nog steeds haar eigen taarten en gebak, bonbons en marsepein van bijzondere kwaliteit.

Pozo 8, metro: L 1, 2, 3 Sol, op Facebook, di.-za. 9-14, 17-20, zo., feestdagen 9-14 uur, half juli tot begin sept. gesloten

Spaanse specialiteit uit Alicante

Casa Mira kaart 2, E 6

Sinds 1855 is in dit leuke winkeltje de zoete lekkernij *turrón* te koop. Deze Spaanse specialiteit uit de zuidelijke regio Alicante wordt hier in eigen huis bereid uit amandelen, eiwit en suiker. Een echte traditie, en dat straalt de winkel ook uit. Met Kerstmis gaat geen Madrileen eraan voorbij. Maar waarom zou je zoiets heerlijks eigenlijk alleen met kerst eten?

Carrera de San Jerónimo 30, www.casamira.es, metro: L 1, 2, 3 Sol, ma.-za. 10-14, 17-21, zo. 10.30-14.30, 17.30-21 uur, in de zomer zo. en feestdagen gesloten

Ham en kaas

Ferpal kaart 2, D 5

Spaanse ham, *jamón ibérico,* van 's werelds beste kwaliteit. Bij Ferpal krijg je ook de allerbeste *de recebo.* De worsten doen daar niet voor onder: *chorizo* uit Salamanca is heerlijk. En dan nog de kaas uit alle streken van het land! Dus snel een nummertje trekken,

Wat je met sneakers niet allemaal kunt doen. De designers van Victoria laten het de wereld zien. En pumps dan? Die worden overschat!

wachten totdat je aan de beurt bent en dan lekker bestellen. In de café-bar in een hoek vind je heerlijk belegde broodjes, ook om mee te nemen.

Arenal 7, www.ferpalmadrid.com, metro: L 1, 2, 3 Sol, ma.-za. 9.45-20.45 uur

Over brood en broodbakken

La Magdalena de Proust F 4

Een pionier op het gebied van biobrood in Madrid. Of je nu brood, taart of iets hartigs bestelt, de ingrediënten zijn uitsluitend natuurlijk, biologisch en gezond. Groente en fruit zijn van eigen teelt. Er worden regelmatig bakcursussen georganiseerd.

Regueros 8, metro: L5 Chueca, www.lamagdalenadeproust.com, ma.-vr. 10-21 uur

Wijn en tapas

Lavinia H 3

Enorme keus uit alle regio's van Spanje, met veel wijnen uit La Rioja en Ribera del Duero. In het restaurant en de tapasbar kun je direct een voorproefje nemen.

José Ortega y Gasset 16, www.lavinia.es, metro: L 5, 9 Núñez de Balboa, ma.-za. 10-21, 1. So im maand 12-20, restaurant ma.-za. 13-16 uur

Voor je geliefde

La Violeta kaart 2, E 6

Koning Alfons VIII zou zijn vrouw en een of andere geliefde bonbons met viooltjes hebben geschonken. Vervolgens werd het een mode en een Madrileense specialiteit. Je mag driemaal raden welke kleur en welke vorm de bonbons hebben. Inderdaad! Ze worden in deze uit 1915 stammende winkel ook in mooie doosjes en metalen blikjes verkocht. Een leuk souvenir.

Plaza de Canalejas 6, www.lavioletaonline.es, metro: L 1, 2, 3 Sol, ma.-za. 10-14, 16.30-20.30 uur

Een heerlijke oude winkel

Licorería Mariano Madrueño

kaart 2, D 5 und C 7

De Licorería Madrueño behoort tot de zogeheten *centenarios*, de honderdjarige winkels van de stad. Maar ouderdom beschermt niet tegen huurverhoging en daarom moest het in 1895 opgerichte familiebedrijf aan de Postigo de San Martín zich een paar huizen verderop vestigen. Een geluk dat de ruimte van een voormalige likeurfabriek vrij was. De omgeving past bij de wijnen uit

heel Spanje, zelfs uit de regio Madrid. De zaak doet een beetje museaal aan en er zijn een paar antieke voorwerpen, rustieke gereedschappen van vroeger en historische foto's te zien. Ook in het moderne zusterfiliaal in de Calle Calatrava is de wijnkeus voortreffelijk.
Postigo de San Martín 6, metro: L 3, 5 Callao; Calatrava 19, metro: L 5 La Latina, www.marianomadrueno.es, ma.-vr. 10-14, 17.30-20.30, za. 11-14.15, 17.30-20.30 uur, half juni tot half sept. za.-middag gesloten, zomerpauze begin aug.

Voedzaam en gezond
Patrimonio Comunal Olivarero
E 3
Aceite de oliva virgen, koudgeperste olijfolie, uit alle Spaanse regio's en in heel veel verschillende soorten. In mooie geschenkverpakking en opvallende flessen. Goed advies, echter alleen in het Spaans.
Mejía Lequerica 1, www.pco.es, metro: L 4, 5, 10 Alonso Martínez, L 1, 10 Tribunal, ma.-vr. 10-14, 17- 20, za. 10-14, juli ma.-za. 9-15 uur, in aug. gesloten

It's time? It's...
Tea Time kaart 2, D 5
De winkel voor koffie- en theeliefhebbers. De ongeveer 250 aangeboden soorten komen uit alle hoeken van de wereld. Ter plaatse iets drinken doe je in het kleine *cafetín* of op het miniterras.
Plazuela de San Ginés 2, metro: L 1, 2, 3 Sol, www.teterimundi.com, dag. ma.-za. 11-21, zo. 12-21 uur

MODE EN MEER

Comfortabel schoeisel
Antigua Casa Crespo D 3
Sinds 1863 zijn hier de typisch Spaanse *alpargatas* van zeildoek, hennep, katoen en jute in alle kleuren te koop – en die zijn ondertussen weer helemaal in de mode. Er is niets zo comfortabel, fris en voordelig voor de voeten als linnen schoenen. Ana Ladrón en Maxi Garbayo bedienen hun klanten persoonlijk en vriendelijk. De schoenen worden geproduceerd door een Noord-Spaans familiebedrijf.
Divino Pastor 29, www.antiguacasacrespo.com, metro: L 1, 4 Bilbao, ma.-za. 10-13.30, 17-20 uur, in aug. drie weken gesloten

Klassieke Spaanse schoenen
Calzados Lobo kaart 2, D 6
Dit familiebedrijf werd aan het eind van de 19e eeuw opgericht en is nog een echte Spaanse schoenenwinkel – en voordelig. Hier worden Spaanse klassiekers als *alpargatas*, *ibicencas* en ballerina's in alle kleuren aangeboden, naast ballet- en flamencoschoenen en rijlaarzen. Werkelijk schattig zijn de baby- en kinderschoenen. Het meeste is van Spaanse herkomst en veel wordt zelfs nog met de hand gemaakt. Een paar stappen verder de Calle de Toledo in ligt de lokaal bekende Alpargatería Hernanz.
Toledo 30, www.calzadoslobo.com, metro: L 5 La Latina, L 1 Tirso de Molina, L 1, 2, 3 Sol, ma.-vr. 9.45-13.45, 16.30/17-20/20.30, half sept.-half juni ook za. 9.45-13.45 uur

Capes en omslagdoeken
Capas Seseña kaart 2, E 6
Deze winkel uit 1901 is populair bij persoonlijkheden uit het openbare leven

O
OVERIGENS

Spaanse **haute couture** heeft in de modewereld een goede naam. Als ambassadeurs van de Spaanse creaties gelden internationale sterren als Amaya Arzuaga, Custo Dalmau, Adolfo Domínguez, Purificación García, Alfonso Loewe, Jesús del Pozo, Ágatha Ruiz de la Prada, Roberto Verino. In Madrid vind je hun winkels en showrooms rond het begin van de **Calle de Serrano**, die ook vaak met *milla de oro* (gouden mijl) wordt aangeduid (► blz. 55, G 2-4). In januari en augustus is de uitverkoop, dan dalen de prijzen!

VLOOIENMARKTEN

Naast de **Rastro** (▶ blz. 72, D 7) is er een andere vlooienmarkt: de **Mercado de Motores.** De plaats is speciaal: in het Museo Nacional del Ferrocarril wisselen tussen uitgerangeerde locomotieven mode in retrolook, hippe artikelen in vintage-design en oude meubelen van eigenaar. Livemuziek en gastrokramen zorgen voor sfeer (Spoorwegmuseum, Paseo de las Delicias 61, www.mercadodemotores.es, om de week behalve in aug. za., zo. 11-22 uur, ten zuiden van F 8). Op een mooi plein, de schaduwrijke Plaza del Conde de Barajas, vindt op zondag de kunstmarkt **Mercado de Pintores** plaats (kaart 2, C/D 6, metro: L 1, 2, 3 Sol, zo. 10-14 uur).

die zich graag in fijne gewaden kleden, preciezer gezegd in capes van de allerbeste wol. Picasso was hier klant en ook Michael Jackson liep hier rond. Er zijn ook Spaanse omslagdoeken. Functioneel en decoratief

Cruz 33, www.sesena.com, metro: L 1, 2, 3 Sol, ma.-vr. 10-14, 17-20, za. 10-14 uur

Exclusieve beschilderde zijde

Lola Fonseca kaart 2, E 6

Sjaals, omslagdoeken, foulards, waaiers, dassen – van zijde en met de hand fraai beschilderd. De doeken zijn vaak unieke exemplaren en kosten € 50-100. In het winkelatelier van Lola mag je ook toezien, hoe haar zijdekunst wordt gemaakt.

Cervantes 20, www.lolafonseca.com, metro: L 1 Antón Martín, ma.-za. 10-14, 17-20.30, in de zomer 18-21.30 uur

Natuurlijk informeel

Lurdes Bergada E 4 en F 4

Discrete kleuren, informele stijlen, natuurlijke materialen. De jurken, jassen, broeken en T-shirts van het uit Barcelona stammende designerduo Lurdes Bergada en zoon Syngman Cucala zijn zelfs in Japan populair. En betaalbaar.

Conde de Xiquena 2, www.syngmancucala.com, metro: Alonso Martínez, Colón, Chueca, ma.-za. 10.30-20.30 uur, Fuencarral 70, metro: Tribunal, ma.-za. 10.30-20.30, zo. 11-15, 16-20 uur

Stof, made in Madrid

peSeta kaart 2, E 6 und C/D 3/4

Het populairst zijn hier de tassen en rugzakken, maar er zijn ook jurken, hemden en blouses en alle mogelijke andere zaken die je van stof kunt maken. De designs en kleuren zijn even onderscheidend als het idee van duurzaamheid en de beslissing om alles lokaal te produceren in Madrid.

Huertas 37, www.peseta.org, ma.-za. 11-21, zo. 11-19 uur, atelier: Noviciado 9, metro: L 2 Noviciado, L 3, 10 Plaza de España, ma.-vr. 11-14, 17.30-20.30, za. 10.30-15.30 uur

Uit het eigen leeratelier

Puntera kaart 2, C 6

Deze winkel met het mooie assortiment tassen, rugzakken, prullenbakken, portemonnees, leren schrijfmappen en notitieboeken, schoenen en laarzen ligt op een stille plek in de oude stad. De artikelen zijn er ook in felle kleuren, zoals roze. Voor iedereen interessant: alles wordt ter plaatse met de hand gemaakt.

Plaza de Conde de Barajas, 4, www.puntera.com, ma.-za. 10-15, 17-20.30 uur

CADEAUS, DESIGN, CURIOSA

Retro americano

Pide x esa boca E 4

Retro, vintage, industrieel ontwerp –

bij deze decoratieve objecten komt het Amerika uit de jaren 50 en 60 weer naar boven. Of oude films en muzikale evergreens. Een leuke zaak voor geschenken voor jezelf of iemand anders.
San Bartolomé 15, metro: L 5 Chueca, www.pidexesaboca.com, ma.-vr. 10-14, 17-21.30, za. 12-21.30 uur

De messenwinkel

Cuchillería Simón kaart 2, E 5
De meeste speciaalzaken in deze categorie zijn ondertussen helaas verdwenen. Deze heeft het overleefd dankzij uitbreiding van het assortiment met alle mogelijke attributen voor de manicure, pedicure, kapper, keuken en cocktailbar. Een ding staat vast: de messen en zakmessen van Spaanse, Japanse en Europese origine zijn van de hoogste kwaliteit.
Virgen de los Peligros 10, metro: L 1, 2, 3, Sol, L 2 Sevilla, www.cuchilleriasimon.es, ma.-vr. 11-21, za. 11-15, 17-21 uur

Lust voor het oog

Guille García-Hoz E 4
Deze winkel is een lust voor het oog, een studio voor decoratief wonen. Je vindt er fantasievolle decoratieve objecten en accessoires, porselein, tapijten met bijzondere patronen, theekannen, tassen en lampen – naast louter heb-ik-niet-nodig-maar-wil-ik-hebben-zaken.
Pelayo 43, metro: L 5 Chueca, www.guillegarciahoz.com, ma.-vr. 10.30-14, 17-21 uur

Van understatement tot blikvanger

Codo 3 kaart 2, C 6
Handgemaakt zijn de sieraden in deze kleine winkel: halskettingen, ringen, armbanden, oorringen, blikvangers voor het grote werk of een discreet understatement. De werken van zilver, tin, hout of steen zijn afkomstig van Spaanse kunstenaars en ambachtslieden.
Codo 3, metro: L 1, 2, 3 Sol, www.codo3.com, ma. 17-20.30, di.-zo. 11-14, 17-20.30 uur, aug. gesloten

Prachtige keukenspullen

El Alambique kaart 2, C 5
Alles wat je nodig hebt om te koken, voor de keuken en voor een mooi gedekte tafel.
Plaza de la Encarnación 2, www.alambique.com, metro: L 2, 5, R Ópera, L 2 Santo Domingo, ma.-vr. 10-20, za. 10-14 uur, twee weken in aug. gesloten

Flirten met een waaier

Casa Diego kaart 2, D 5
Dacht je dat waaiers alleen dienen om op hete dagen een beetje verkoeling te brengen? Dat ook, maar ze zijn voor de vrouw bovendien een handig accessoire bij het flirten. Casa Diego, op een toplocatie aan de Puerta del Sol, verkoopt en vervaardigt sinds 1858 waaiers in alle prijsklassen en kwaliteiten, en ook wandelstokken en paraplu's.
Puerta del Sol 12, www.casadediego.net, metro: L 1, 2, 3 Sol, ma.-za. 9.30-20 uur

De hangmat in!

Casa de las Hamacas E 7/8
Een tafellaken groot is de winkel van Carlos, maar dat is voldoende. Ten eerste is dit voor de Mexicaan meer een vrijetijdsbesteding en hobby dan een hoofdberoep (eigenlijk bouwt hij zonnepanelen). Ten tweede hebben zijn hangmatten ingevouwen niet veel plaats nodig. In alle mogelijke kleurpatronen en afmetingen vullen ze de schappen tot aan het plafond. Gemaakt worden de *hamacas* door vrouwen uit een Mexicaans dorp in Yucatán. Carlos helpt hen met hun traditionele handwerk in hun onderhoud te voorzien.
Miguel Servet 6, www.hamacas.org, apr.-okt. ma.-vr. 18-22, za. 12-16 uur, per stuk € 50-120

Totale vrijheid!

Moeten de Madrilenen elke avond uitgaan alsof het de laatste van hun leven is? Soms voelt het zo. Misschien heeft de uitbraak van de grote vrijheid in de jaren 80 – dat was de Movida Madrileña na het einde van de dictatuur – zich intussen in de genen van de stadsbewoners genesteld en kunnen ze nu niet anders meer dan zich aan de nachtelijke uitgaansmarathon overgeven...

Madrid is 's avonds een jungle die niet tot rust komt, met name van woensdag tot en met zaterdag. Wie niet slapen wil, hoeft dat ook niet. Want tot 's morgens 6 uur, wanneer de metro weer rijdt, blijven genoeg zaken geopend.

Velen laten hun werkdag graag eindigen met een after-work-ontmoeting met collega's of vrienden, om na een eerste glas ongedwongen te verhuizen naar een bioscoop, theater, de volgende taverne of later op de avond misschien nog een muziekclub. Het aanbod aan livemuziek, van rock en funk tot indie, is groot. Nog beter: optredens van flamenco-artiesten of jazzconcerten.

Meestal het hele jaar geopend zijn de over de hele stad verspreid liggende terrassen. En dat de hele dag: ze beginnen als café-bar, zijn dan een restaurant en eindigen 's avonds als *bar de copas* (kroeg). Van 's morgens 7, 8 of 9 uur tot middernacht of later kun je je hier laten bedienen.

Men staat en praat, aan de wand bungelen de hammen. Zo is de wereld eigenlijk prima.

OM ZELF TE ONTDEKKEN

De oude stad van Madrid is 's avonds een uniek uitgaansgebied. Wie het **nachtleven** van de metropool op zijn meest intens wil ervaren, moet naar de schrijverswijk, Malasaña, Chueca of Lavapiés, en dan met namen de Plaza de Santa Ana (► blz. 33), Plaza de Chueca (► blz. 61) en Plaza del Dos de Mayo (► blz. 67) en omgeving daarvan. In Lavapiés trekken nachtbrakers naar de Calle Argumosa (► blz. 42).

Bioscoop, theater, klassieke concerten of opera en ballet: het **culturele programma** van de stad is onuitputtelijk. Actuele informatie:
www.lanocheenvivo.com
www.guiadelocio.com
www.esmadrid.com

IETS GAAN DRINKEN ...

Coctails en Rock'n'Roll
Bárbara Ann F 3/4

De geest van de Rock'n'Roll karakteriseert deze modern ingerichte, deels door vintage bepaalde bar. Hij ligt in een van de populairste straten van Chueca. Heren opgelet: zeker even gaan plassen, al was het maar vanwege de urinoirs! Verder bestel je hier bijvoorbeeld cocktails en daarbij een oester, een paar *nachos* of een van de ongeveer tien liefdevol bereide kleine gerechten.

Santa Teresa 8, metro: L 4, 5, 10 Alonso Martínez, www.barbaraann.es, ma.-za. 19-2.30/3.30 uur

Heerlijke wijnen
De Vinos C/D 3

Vroeger kochten de mensen uit de wijk Malasaña hier hun melk. Yolanda heeft er een wijnbar van gemaakt en schenkt aan de toog en in de bar een goede keus aan Spaanse wijnen. Huiswijn is er al vanaf € 2,50 per glas. Een stukje kaas erbij maakt het plezier compleet.

La Palma 76, di.-vr. 20-2, za. 13-16, 18-2.30, zo. 13-16 uur

Showroom en meer
El Paracaidista D/E 3

Nou, dan sla je toch gewoon een paar vliegen in één klap: kijken, shoppen, drinken, eten. De Paracaidista (parachutespringer), in een typisch oudestadshuis in Malasaña, is zo multifunctioneel ingericht. In de zaak vind je cosmetica, cultboeken en foodbags, er worden Cubaanse cocktails geserveerd en op het terras kun je eten en van het uitzicht genieten.

La Palma 10, metro: L 1, 10 Tribunal, www.elparacaidista.es, di.-zo. 11-24 (winkel tot 21 uur), in de zomer di.-zo. 19-24 uur

Spannende luxe
Glass Bar kaart 2, E 6

Je kunt altijd even gaan kijken in de 'oesterbar' van het luxehotel Urban, dat kost immers niets. Enorme glazen ramen aan de straatkant, een grandioze Marokkaanse kroonluchter, transparante zitmeubels van Philippe Starck. Overal glas, glas, glas. En dan het enorme aanbod aan cocktails, champagne, alcoholica in alle soorten en maten, ook in eigengemaakte mixen. Een heerlijk uitzicht, en er komen soms ook nog belangrijke mensen voorbij. De tapas zijn ook van hoog niveau, Japans geïnspireerd.

Carrera de San Jerónimo 34, metro: L 1, 2, 3 Sol, L 2 Banco de España, www.hotelurban.com, zo.-wo. 10.30-2, do.-za. tot 3 uur

PITTORESKE TAVERNES

Wat voor de Londenaar zijn historische pub is, is voor de Madrileen zijn honderdjarige taverne, en daarvan bestaan een paar museale exemplaren: **Ángel Sierra** aan de Plaza de Chueca (E 4, ▸ blz. 61), **La Ardosa** in Malasaña (E 4, ▸ blz. 65), **Casa Alberto** en **La Venencia** in de schrijverswijk (kaart 2, E 5, ▸ blz. 35) of – naar verluidt de oudste – **Antonio Sánchez.** Daar geniet je aan een houten toog onder opgezette stierenkoppen van wijn of bier met typisch Madrileense tapas (kaart 2, D 7, Mesón de Paredes 13, www.tabernaantoniosanchez.com, 12-16, 20-24 uur behalve zo. avond).

Ambiance: cool
JoséAlfredo D 4

De sfeervolle muziek van Tom Waits heeft de Madrileense cultband Marlango beïnvloed – en die bepaalt de sfeer

CH
CHICOTE

Pedro 'Perico' Chicote, wiens bar in de Gran Vía 12 vanwege de likeurflessenbatterij de bijnaam 'museum' kreeg, stierf in 1977. De cocktails van de heer Chicote waren beroemd. **Museo Chicote** is een Madrileens instituut. Tijdens de Burgeroorlog en Francodictatuur kwam de crème de la crème van de stad hier over de vloer, fascisten evengoed als links publiek en kunstenaars in alle schakeringen. De Amerikaanse schrijver en Burgeroorlogreporter Ernest Hemingway, bijvoorbeeld, werkte het liefst in de Chicote. In de afgelopen decennia nipten in de art-deconissen sterren als Ava Gardner, Grace Kelly en Frank Sinatra hun drankjes weg. Tijdens de jaren van hongersnood na de Burgeroorlog vond hier een levendige zwarte markt met medicamenten plaats die elders nergens meer te vinden waren. Het was een plaats van leven en overleven – boven alle politieke vijandschap verheven ...

kaart 2: E 5, www.museo-chicote.com, dag. 19-2.30/3.30 uur, in aug. zo. gesloten

bij JoséAlfredo in de stijl van een Amerikaanse whiskybar uit de jaren 70. Cult is ook de drankjeskaart. De huiscocktail JoseAlfredo is een mix van tequila, sinaasappellikeur, limoen, sinaasappel- en ananassap, plus grenadine.

Silva 22, metro: L 3, 5 Callao, www.josealfredobar.com, dag. 19-3/3.30 uur

NAAR MUZIEK LUISTEREN EN DANSEN

Luisteren en dansen

Bogui Jazz F 4

Als jazzclub is dit etablissement al jarenlang een vaste waarde in het uitgaansleven van Madrid. Maar in de grote loftachtige ruimte gebeurt nog veel meer. Do.-za. verzorgt een dj vanaf 1 uur uitstekende dansmuziek tot in de vroege ochtend.

Barquillo 29, www.boguijazz.com, metro: L 5 Chueca, L 2 Banco de España, wo.-zo. 20-5/6, Liveconcerten meestal 20.30 of 22 uur, toegang € 8-15

Cocktails met livemuziek

Café Berlín kaart 2, D 5

Een echte nachtclub waar bijna elke dag livemuziek te horen is – funk, soul, flamenco, fusion, jazz. Concerten beginnen laat, over het algemeen 23/23.30 uur, disco vanaf ca. 1.30 uur. Diverse goede cocktails.

Costanilla de los Ángeles 20, www.berlincafe.es, metro: L 3, 5 Callao, ma.-do. 22.30-5, vr., za. tot 5.30 uur, kaarten € 8-10

Cultplek van de jazz

Café Central kaart 2, E 6

Een oud café vol spiegels, die zijn overgebleven van de voormalige winkel voor spiegels en lijsten. Het Central met het kleine podium is een Madrileens jazzinstituut met avondsessies van 22-24 uur in een intieme omgeving. Je vindt er ook een restaurant.

Plaza del Ángel 10, www.cafecentralmadrid.com, metro: L 1, 2, 3 Sol, L 1 Antón Martín, dag. 13.30-2.30, vr., za. tot 3.30 uur, toegang bij concerten € 12-20

Wereldmuziek

Café de La Palma D 3

Club met verschillende zalen, elk met zijn eigen sfeer. In de ene zaal kan het publiek op de nieuwste elektronische ritmes dansen, in een andere chillen in een Arabisch decor en bij Arabische klanken. Hier worden ook liveconcerten gegeven.

Palma 62, www.cafelapalma.com, metro: L 2, 3, 10 Noviciado, wo.-zo. 17-3/3.30 uur, concerten vanaf € 5

Broeders in de geest van de rock

El 14 Rock Bar C 3

In deze vriendelijk-intieme zaak in de populaire wijk Conde-Duque staan gewoonlijk rock- of bluesconcerten op

Nee, de Fab Four zijn het niet, de Beatles kijken alleen toe. Maar de rock leeft ook in de kleine clubs van Madrid verder. Zoals hier in El 14 Rock Bar.

het programma. Verder kun je hier ontspannen de tijd doorbrengen met tapas en *raciones* bij de drankjes.
Conde Duque 14, hoek Travesía del Conde Duque, metro: L 3, 10 Plaza de España, dag. 21-5/6 uur

Ontspannen sfeer
El Juglar ✪ kaart 2, E 7
Dit is een bekende en vooral in de scene van Lavapiés populaire kroeg met een kleine zaal voor concerten. jazz, flamenco en Afrikaanse muziek staan op het programma. Aangename sfeer.
Lavapiés 37, www.salajuglar.com, metro: L 3 Lavapiés, wo.-zo. 21.30-3 uur, bij optredens € 5-15

Voor nachtbrakers
El Junco ✪ F 3
El Junco is een toevluchtsoord voor wie in Madrid de slaap niet kan vatten. De concerten zijn gewijd aan jazz, funk of soul. Jamsessies worden zo. en di. om 23.30 uur gehouden.
Plaza de Santa Bárbara 10, www.eljunco.com, metro: L 4, 5, 10 Alonso Martínez, di.-za. 23-5.30/6 uur, toegang € 6

Een stuk Movida Madrileña
El Penta Bar ✪ E 3
Het pentagram (de vijfhoek) in Malasaña kent iedereen alleen als 'El Penta'. Dit is een lokaal instituut, het was een van de eerste etablissementen aan het einde van de donkere Francoperiode die als kroeg en discotheek licht en leven in de Madrileense nachten bracht. En dat doet La Penta nog steeds met een volgende generatie nachtbrakers. In de jaren 80 inspireerde het etablissement de band Nacha Pop zelfs tot zijn emblematische song *La chica de ayer* (Het meisje van gisteren).
Palma 4, metro: L 3, 5 Callao, L1, 4 Bilbao, www.elpenta.com, dag. 21-3/3.30 uur

FLAMENCO LIVE

Waar moet je in Madrid zijn om echte flamenco te ervaren? In **Casa Patas** en **Villa Rosa** (🕮 kaart 2, E 6, ► blz. 76)! Goed zijn ook **Corral de la Morería** (🕮 kaart 2, C 6, www.corraldelamoreria.com), een klassiek tablao, dan **Las Carboneras** (🕮 kaart 2, C 6, www.tablaolascarboneras.com) in de stijl van een *café cantante* (zangcafé) evenals **Las Tablas** (🕮 C 4, www.lastablasmadrid.com).

BIOSCOPEN

Madrid is de belangrijkste filmproductieplaats van Spanje – de stad van Pedro Almodóvar is gek op films. Zeer fraai is de jugendstilbioscoop **Cine Doré** (kaart 2, E 6/7, Santa Isabel 3). Tot de 'bios-carré' **Manzana del Cine** (C 4) tussen Calle Princesa en Calle Martín de los Heros behoren niet alleen de bioscopen Renoir, Princesa en Golem, maar ook de filmboekhandel **Ocho y Medio** met een aangenaam klein café. Een zeer bijzondere plaats is de **Cineteca** in het cultureel centrum Matadero Madrid (ten zuiden van A 8, ► blz. 70), waar in mei/juni ook een documentairefestival, 'Documenta', wordt gehouden (www.cinetecamadrid.com, www.documentamadrid.com).

Lang leve de rock

Honky Tonk E 3

Een van de oudste Madrileense rockcafés, vernoemd naar een liedje van de Rolling Stones. Je kunt hier onder het eten ook luisteren naar blues- en countrymuziek.

Covarrubias 24, www.clubhonky.com, metro: L 4, 5, 10 Alonso Martínez, dag. 21.30-5.30/6 uur, toegang vanaf € 9

Jamsessions en jazz en meer

Intruso Bar E 4

Een klassieker in Malasaña, een mix van kroeg, club en concertzaal; er treden regelmatig bands op. De week begint (op maandag) met een jamsession. Dinsdag is jazzdag.

Augusto Figueroa 3, metro: L 5 Chueca, L 1, 5 Gran Vía, www.intrusobar.com, dag. 21-5.30/6 uur

In het theater dansen

Joy Madrid kaart 2, D 5

In de mooie ruimtes van een theater uit 1872 swingt de kleurrijke Madrileense discoscene tot in de kleine uurtjes. In het weekend beginnen de avonden vaak met livebands, op zaterdag is het van 17.30 tot 22 uur jeugddisco, daarna komen de volwassenen.

Arenal 11, www.joy-eslava.com, metro: L 1, 2, 3 Sol, L 2, 5 Ópera, do., vr., za. vaak liveconcerten vanaf 19/20 uur, anders 23.45-6 uur

Van muziek genieten aan de bar

Populart kaart 2, E 6

Hét adres voor jazz in de schrijverswijk, even afgezien van het niet al te ver weg gelegen Café Central. Hier treden elke avond bands op, deels met een bluesachtige inslag. Bij liveoptredens stijgt de prijs van de drankjes.

Huertas 22, www.populart.es, metro: L 1, 2, 3 Sol, L 1 Antón Martín, dag. 18-ca. 3 uur

The Show must go on...

Siroco D 3

Een klassieker van het nachtleven sinds de tijden van *La Movida* in de jaren 80. In het weekend kun je hier ook terecht voor live-acts, pop en alternatieve rock.

San Dimas 3, www.siroco.es, metro L 2 San Bernardo, wo.-za. 21-5 uur, toegang vanaf € 10

ONDER DE STERRENHEMEL

Het mooiste in Madrid zijn de warme zomernachten, wanneer iedereen buiten zit. De oude stad wordt één groot terras. Om een stukje dichter bij de sterrenhemel te komen, zijn dakterrassen inmiddels heel populair. Hiertoe behoren **The Roof** in de schrijverswijk (► blz. 34), **The Mint Roof** aan de Gran Vía (► blz. 89) en de **Tartán Roof** in de Círculo de Bellas Artes (► blz. 58). En ook hier is het mooi:

Hoog boven de Gran Vía

Hotel de Las Letras, dakterras kaart 2, E 5

Het dakterras van Hotel Las Letras is ook toegankelijk voor niet-gasten. Vanaf de 7e verdieping heb je een prachtig uitzicht over de representatieve architectuur van de Gran Vía en de Calle de Alcalá. Voor je welbevinden en ontspanning is gezorgd: met een chill-outhoek en een luxueuze bar. Als culinaire begeleiders van de drankjes worden tapas, *raciones* en typisch mediterrane gerechten geserveerd.

Gran Vía 11, metro: L 1 Gran Vía, www.hoteldelasletras.com, voorjaar tot herfst zo.-do. 17-1, vr., za. 17-3 uur, in de winter onregelmatig

Het hele jaar geopend

Gymage Lounge Resort D 4

Fraai is het uitzicht vanaf het terras op de Martinikerk en in de richting van de Gran Vía. Het Gymage Lounge Resort noemt zichzelf 'Madrids eerste stedelijke vakantiecomplex'. Voor het vakantiegevoel zorgen een restaurant met shows, een fitnessstudio, het boetiekhotel en zelfs een zonneterras.

Luna 2, metro: L3, 5 Callao, www.gymage.es, dag. 11-1.30/2 uur

In design baden

Terraza de Óscar E 5

Cool design en een neonsfeer karakteriseren het Hotel Room Mate Óscar, en dat geldt ook voor het Terraza de Óscar. Wie in het zwembad wil springen, betaalt daarvoor € 20-40. Je kunt hier ook gewoon aan een cocktail nippen en heerlijk ontspannen.

Plaza de Pedro Cerolo 12, oscar.room-mate-hotels.com/splash, dag. 16/17-2, in de zomer vanaf 12 uur

Wat een uitzicht op de stad!

Café del Río A 5

Fraai is het nachtelijke panorama met het paleis en de kathedraal vanaf het terras van het in 2015 geopende Café del Río, dat zoals de naam al doet vermoeden aan de rivier ligt. Madrilenen komen hier graag om van 's morgens tot laat op de avond cocktails te drinken. Er valt van alles te eten, van tapas tot grotere gerechten.

Avenida de Portugal 1, metro: L 6 Puerta del Ángel, www.cafedelriomadrid.com, dag. 10-2 uur

Tuinoase met cultuur

La Cabrera F 5

Heerlijk is de patio-tuin van het Casa de América op een zomerse avond. Soms is er naast de drankjes en hapjes een bijzonder evenement, want het Amerikahuis is een soort culturele buitenpost van Zuid-Amerika in Madrid.

Plaza de Cibeles 2 (ingang op de hoek van Paseo de Recoletos, metro: L 2 Banco de España, www.cienllaves.com/terraza, mei tot sept. zo.-do. 18-2, vr., za. tot 2.30 uur

Hier hangen ze op zitkussens en keuren de altijd bleke Madrilenen de zonsondergang en de Telefónica-hoogbouw geen blik waardig. Maar ga rustig naar de Terraza de Óscar en wordt part of the crowd!

Reisinformatie

REIZEN NAAR MADRID

Aeropuerto Adolfo Suárez Madrid-Barajas: de luchthaven van Madrid ligt zo'n 13 km ten noordoosten van het centrum. Informatie: tel. 902 40 47 04, vanuit het buitenland: tel. 913 05 83 43, www.aena.es.
Bussen naar het centrum: elke 10-25 min. rijdt er een stadsbus (normaal tarief) vanaf de luchthaven naar metrostation Avenida de América (Intercambiador de transportes, bushalte 11; tussen 5 en 6 uur 's morgens vertrekken de bussen aan de overkant, voor Avenida de América nr. 4, halte 5788). Lijn 200 rijdt langs de Terminals 1-4 (5-23.30 uur). De luchthavenbus Exprés Aeropuerto rijdt vanaf station Atocha (🕮 G 8) via Plaza de Cibeles (🕮 F 5) naar de luchthaven en stopt bij terminals T-1, T-2, T-4 (€ 5, geen biljetten van meer dan € 20). Tussen 6 en 23.30 uur rijden ze om de 15-20 min.; nachtbussen tussen 23.55 en 5.35 vertrekken elke 35 min. vanaf Plaza de la Cibeles, reistijd van/naar Atocha ca. 40 min.).
Metro: er zijn twee metrostations: tussen Terminal 2 en 3 en bij Terminal 4. Lijn 8 rijdt naar station Nuevos Ministerios (🕮 ten noorden van F 1). Dit ligt op het traject van de lokale treinen (zie hieronder) en geeft aansluiting op de metrolijnen 6 en 10. De rit naar het centrum kost € 2 plus € 3 luchthaventoeslag, die je ook betaalt bij een tienrittenkaart voor de Bonometro/Metrobús
Lokale treinen/Cercanías: lijn C-1 verbindt de stations Principe Pío, Méndez Álvaro, Atocha (🕮 G 8, 25 min. reistijd), Recoletos, Nuevos Ministerios en het centraal station Chamartín (11 min.) met Terminal 4 (tarief € 2,60). De treinen rijden elke 30 min., vanaf luchthaven terminal 4: 6-23.33 uur; vanaf Príncipe Pío: 6-22.27 uur.
Taxi's: een taxirit van de luchthaven naar het centrum kost € 30. Voor een taxi van Terminal 1-3 naar Terminal 4 betaal je circa € 16. Vraag altijd om een bonnetje! Op de luchthaven zijn ook zwarte taxi's *(piratas)* actief.

Douane
Indentiteitsbewijs: ingezetenen van de EU moeten een geldig paspoort of een ID-kaart bij zich hebben. Dit geldt ook voor meereizende kinderen.
In- en uitvoerbepalingen: EU-ingezetenen mogen artikelen bedoeld voor eigen gebruik in- en uitvoeren. Niet-EU-ingezetenen mogen 200 sigaretten en 1 l sterke drank in- en uitvoeren. Het bezit van wapens (ook pepperspray en dergelijke) en drugs is streng verboden.

INFORMATIE TER PLAATSE

Centro de Turismo: Plaza Mayor 27 (🕮 kaart 2, D 6), tel. 914 54 44 10; dag. 9.30-21.30 uur
CentroCentro/Palacio de Cibeles: Plaza de Cibeles (🕮 kaart 2, F 5), tel. 915 88 16 36, di.-zo. 10-20 uur. Daarnaast zijn er in het centrum diverse informatiekiosken van de gemeente.
Informatiepunten van de Comunidad de Madrid: op de luchthaven (Terminal 1, 2 en 4, aankomsthal), in station Chamartín (🕮 ten noorden van **G 1**) bij de ingang naar perron 19 (puerta 19), in station Atocha (🕮 **G 8**) in de aankomsthal van de AVE-sneltrein, in de Calle Alcalá 31 (🕮 **kaart 2,** E 5) en de Calle de Duque de Medinaceli 2 (🕮 **F 6**). Openingstijden: ma.-za. 9-20, zon- en feestdagen 9-14 uur, Duque de Medinaceli ma.-za. 8-15, zon- en feestdagen 9-14 uur, tel. 902 10 00 07, turismo@madrid.org.

Op internet
www.spain.info: de officiële website van het Spaanse verkeersbureau Turespaña, Nederlandstalig. Uitgebreide informatie en online bestellen van brochures.

www.turismomadrid.es: de officiële website van de Comunidad de Madrid voor toeristen – in verschillende talen, waaronder Engels.
www.esmadrid.com: website van de stad met uitvoerige informatie over musea, sightseeing, restaurants, feesten en nog veel meer, ook Engelstalig.

OPENBAAR VERVOER

Metro
Het snelste vervoermiddel is de metro, die met elf lijnen (L 1-L 11) de hele stad bestrijkt en met een hoge frequentie rijdt (zie de plattegrond van de metro op de uitneembare kaart). In de spits, de *horas punta* van 7-10, 13-14.30 en 19-21 uur, is het erg druk in de metro (dag. 6-circa 1.30 uur). Verder rijdt de L 12 naar de voorsteden ten zuiden van Madrid en de Metro Ligero (ML) naar de buitenwijken.
Kaartjes: kaartjes voor metro en bussen zijn te koop bij automaten op de stations, losse buskaartjes kun je ook in de bus kopen. Een enkele rit *(sencillo)* voor vijf stations kost € 1,50, voor elk volgend station komt er € 0,10 tot max. € 2 bij. De tienrittenkaart (Bonometro/Metrobús) kost € 12,20. Het kaartje wordt bij de poorten afgestempeld.
Abono Turístico: de toeristenkaart voor het openbaar vervoer is te verkrijgen bij de metrostations en kost voor 1 dag in zone A (stadsgebied) € 8,40, in Zone T (regio en Guadalajara en Toledo) € 17; voor 2 dagen € 14,20/26,40, voor 3 dagen € 18,40/35,40; voor 5 dagen € 26,80/50,80, voor 7 dagen € 35,40/70,80. Kinderen reizen voor half tarief.
Informatie: tel. 902 44 44 03, 917 796 399, www.metromadrid.es. klantencentrum/Centro de Atención al Cliente: Estación de Sol (🕮 kaart 2, D 5), hoofdhal, ma.-vr. 7-22, za., zo., feestdagen 10-22 uur.

Stadsbussen
De rode EMT-bussen rijden op 204 lijnen. Voor bezoekers is onder andere lijn 27 handig, die door het hart van de stad Paseo del Prado-Paseo de Recoletos-Paseo de la Castellana rijdt. De bussen rijden van 6 tot 23 uur, daarna worden er nachtbussen ingezet *(buhos)*, die tot 2 uur elk halfuur rijden. Op vrijdag en zaterdag en de avond voor een feestdag rijden ze elke 15-20 min. van 2 tot 5.30 uur. Ze vertrekken allemaal van de Plaza de Cibeles.
Kaartjes: zie boven bij metro. In de bus zijn ook losse kaartjes te koop.
EMT-Informatie: tel. 902 50 78 50, 914 06 88 10, www.emtmadrid.es.

Lokale treinen/cercanias
De *Cercanías* (te herkennen aan een 'C' plus een nummer) rijden elke 10 min. en verbinden de stations Atocha (in het zuiden van de stad) en Chamartín (in het noorden) met de tussenstations Recoletos (bij de Plaza de Cibeles) en Nuevos Ministerios. Vanaf deze stations en ook vanaf het nieuwe station bij de Puerta del Sol (ingang van de metro), het Estación del Príncipe Pío en het Estación Méndez Álvaro rijden de treinen naar de omgeving van Madrid (5/6-circa 24/1 uur). De lokale trein C-1 rijdt naar de luchthaven.
Informatie: www.renfe.es.

Taxi's
Vrije taxi's, te herkennen aan de groene lamp op het dak en het bordje 'libre' (vrij) voor de voorruit, kun je gewoon met de hand aanhouden. Let er op dat de chauffeur bij het begin van de rit de meter inschakelt en dat die het juiste tarief vermeldt. Vraag eventueel om een rekening met het nummer van de taxi, begin- en eindpunt van de rit en het kenteken. In het algemeen wordt de prijs bepaald door een combinatie van afstand en tijd. Bij een normaal tempo kost 1 km circa € 1,10/1,25.
Basistarief: ma.-vr. 7-21 uur € 2,40, anders € 2,90.
Vast tarief: luchthaven-centrum (of terug) € 30 (tarifa 4).
Toeslagen: voor ritten van en naar de luchthaven € 5,50 (als er geen vast tarief wordt berekend), van het station

en van en naar het jaarbeursterrein € 3. Telefonisch een taxi bestellen € 5 extra. Nachtritten op 24 en 31 december € 6,70.
Klachtenbalie: Oficina Municipal de Registro, Albarracín 33, 28037 Madrid, L 5 Ciudad Lineal, tel. 914 80 46 23, sgtaxi@madrid.es, ma.-za. 9-13 uur. In ieder geval de rekening laten zien.
Telefonisch een taxi bestellen: tel. 914 47 51 80, 914 05 12 13, tel. 915 47 82 00, 913 71 21 31, tel. 915 47 86 00 (ook wagens die geschikt zijn voor rolstoelgebruikers).

FIETSEN IN MADRID

BiciMad
Madrid is (nog) niet overal geschikt om te fietsen. Maar er zijn tientallen nieuwe fietsroutes gecreëerd, het wegennet werd uitgebreid, dagelijks bewegen zich meer Madrilenen op de fiets. In veel straten in de oude stad toont een symbool in het plaveisel de voorrang voor fietsers. Voor automobilisten geldt daar een maximumsnelheid van 30 km/u.
Er is een stedelijk fietsverhuursysteem dat Madrilenen ertoe moet aanzetten om voor korte afstanden de fiets te kiezen. De E-bikes van BiciMad verlichten het rijden in de heuvelige oude stad. Ze staan op talrijke uitleenpunten in het centrum. Hier worden de accu's steeds opnieuw opgeladen. Soms ligt er slechts 300 m tussen de stations. Je kunt ze op een ander station weer terugbrengen.
Een stadsfiets voor onderweg: Je kiest bij een controlepunt een fiets en laat je creditcard met een borg van € 150 belasten. Wanneer de gebruikstijd is overschreden, wordt automatisch de overeenkomstige huurprijs met de borg verrekend. De rest wordt bij het afgeven van de fiets teruggegeven.
Prijzen: tot 1 uur € 2, tot 2 uur € 4, daarna € 4 per uur.
Transport in de metro: hele dag behalve ma.-vr. van 7.30-9.30, 14-16 en 18-20 uur. Het wordt aangeraden om met een fiets de eerste of laatste wagon te gebruiken.
Info: www.bicimad.com en www.madrid.es/oficinadelabici. De toeristenbureaus hebben een plattegrond van Madrid met gemarkeerde uitleenpunten van BiciMad naast aanbevelenswaardige straten (ook als pdf op de bovenstaande website). Goede tips biedt ook de website www.enbicipormadrid.es, eveneens met fietsroutekaarten.

Fietsverhuur
Urbanmóvil: 🕮 kaart 2, C 6, Plaza de San Miguel 2, tel. 910 17 98 56, www.urbanmovil.com, metro: L 1, 2, 3 Sol, dag. 10-20 uur. Ook elektrische fietsen en Segways.
Trixi Madrid: 🕮 kaart 2, E 5, Jardines 12, tel. 915 23 15 47, www.trixi.com, metro: L 1, 5 Gran Vía, L 1, 2, 3 Sol, mrt.-okt. ma.-vr. 10-14, 16-20, za., zo., feestdagen 10-20, nov.-feb. 10-15 uur, per dag € 15, e-bike € 37,50, groepen op aanvraag. Solide Herkulesfietsen; ook fietstochten met gids.
27 Bikes: 🕮 J 5/6, Alcalde Sainz de Baranda 16, tel. 915 73 06 92, www.27bikes.com, metro: L 9 Ibiza, apr.-okt. dag. 10.30-14.30, 16.30-20.30, nov.-mrt. 10-14, 16-20 uur.
Pangea: 🕮 ten zuiden van C 8, Paseo de Yeserías 15, tel. 915 172 839, www.rutaspangea.com, metro: L 5 Pirámides, 10-14, 16-19/20 uur, € 5/uur, € 18/dag, helm en kinderstoeltje elk € 2 per dag.

MADRID CARD

De toeristenkaart geeft onder meer recht op gratis toegang tot meer dan vijftig musea, waaronder het Prado, het Museo Thyssen-Bornemisza en het Centro de Arte Reina Sofía, gratis deelname aan de rondleidingen van Descubre Madrid, door de voetbalstadions van Real Madrid en Atlético Madrid en de stierengevechtarena, en gratis gebruik van de Teleférico tussen Parque del Oeste en Casa de Campo (► blz. 84). Maar een beetje rekenen is de moeite waard, want je moet wel veel ondernemen om de aanschaf van de Madrid Card lonend te maken. De kaart kost

€ 47 voor 1 dag, € 60 voor 2 dagen, € 67 voor 3 dagen, € 77 voor 5 dagen, voor kinderen 6-12 jaar respectievelijk € 34, 42, 44 en 47 (korting bij online boeken). De kaart is verkrijgbaar via www.madridcard.com, bij het toeristenbureau op de Plaza Mayor 27 (► blz. 110). Ook de op www.madridcard.com gereserveerde tickets zijn daar af te halen.

REIZEN MET EEN BEPERKING

Het Spaanse verkeersbureau helpt reizigers met een handicap aan informatie. Het toeristenbureau aan de Plaza Mayor regelt ook rondleidingen voor mensen met een handicap.
Informatie: voor barrièrevrij reizen www.turismomadridaccesible.es en www.barrera-cero.com.

VEILIGHEID EN NOODGEVALLEN

Alarmnummers
Algemeen alarmnummer: tel. 112
Vergiftigingen: tel. 915 62 04 20
Rode Kruis: tel. 915 22 22 22
Politie: tel. 091 of 092
Brandweer: tel. 080
Verlies creditcard: 0031 20 66 00 789
Verlies bankpas: 0031 88 38 55 372

Ambassades
Nederland: Paseo de la Castellana 259 D, 28046 Madrid, tel. 913 53 75 00, www.nederlandwereldwijd.nl/landen/spanje
België: Paseo de la Castellana 18 (6e verd.), 28046 Madrid, tel. 915 77 63 00, www.spain.diplomatie.belgium.be/nl

Diefstal
Zakkenrollers doen hun werk het liefst op plaatsen waar veel mensen bij elkaar zijn en waar bovendien veel toeristen komen. Let vooral goed op bij het Atocha-station, in de omgeving van de musea Prado, Thyssen-Bornemisza en het Centro de Arte Reina Sofía, op de Plaza Mayor, in de winkelstraten rond de Puerta del Sol, op de zondagse vlooienmarkt El Rastro en in de wijk Lavapiés, en verder in metro's en bussen. Toeristen die aangifte van diefstal willen doen, bellen hiervoor het speciale telefoonnummer 902 10 21 12 (24 uur per dag, ook in het Engels en Duits). Daarna meld je de schade bij de Servicio de Attención al Turista Extranjero (SATE) van het politiebureau *(comisaría)* in de Calle Leganitos 19 (🗺 C 4, satemadrid@esmadrid.com, metro: L 3, 5 Callao, L 2 Santo Domingo, L 2, 3, 10 Plaza de España, dag. 9-24 uur).

STADSRONDRITTEN

Bij rondritten met de dubbeldekker van **Madrid City Tour** (mrt.-okt. 9-22 uur, de rest van het jaar 10-18 uur) kun je bij alle gemarkeerde haltes naar wens in- en uitstappen.
De routes: Ruta 1: Madrid Histórico, Ruta 2: Madrid Moderno; Ruta Nocturna (nachtroute, alleen in de zomer).
Prijzen: dagkaart € 21, kinderen 7-15 jaar en 65+ € 10, kinderen tot 6 jaar gratis; kaart voor 2 dagen € 25/ € 13, gezinskaart voor 4 pers. € 53. De kaartjes zijn te koop in de bus, bij de kiosken van Madrid City Tour, in sommige hotels, reisbureaus, krantenkiosken en souvenirwinkels in het centrum.
Informatie: Madrid City Tour, informatiekiosken in de Calle Felipe IV (tussen Prado en Ritz) en op de Plaza de España, www.madrid.city-tour.com.

TELEFOON EN WIFI

Alle telefoonnummers behalve alarmnummers hebben negen cijfers, er is geen netnummer. **Landnummers:** Nederland +31, België +32, Spanje +34. **Roamingkosten** voor telefonie en internet zijn in de EU sinds juni 2017 afgeschaft, informeer voor details bij je provider. Vrije internettoegang vind je in alle hotels en ook op veel openbare plaatsen, zoals op de centrale Plaza Mayor en bij de toeristeninformatie.

Hoe zegt u?

¡Buenos dias!

Goedendag

Entrada

Ingang
maar ook: toegang

¡NO ME RAYES!

Laat me met rust!
De nieuwe toverformule tegen mensen die je lastig vallen.

Hasta la próxima

Tot snel

Marchando una de gambas/ jamón/queso...

Kom maar met de gamba's/ham/kaas...
Zo roepen kelners bestellingen naar de keuken of over de toog, wanneer het snel moet.

Perdón

Neem me niet kwalijk
Een belangrijk woord. Wanneer je iemand op de voet staat of aanstoot, zeg je perdón

¡GRACIAS!

Dank u

Eres más chulo que un ocho

Je bent chiquer dan een acht
Verwijzing naar de elegante wagons van tramlijn 8, die ooit door Madrid reed.

¡No me digas!

Zeg dat niet!
Uitdrukking van verbazing of spijt over een bericht

Sí se puede

Ja, dat kan (Ja, dat gaat).
Dit was de strijdkreet van de 'Beweging van de verontwaardigden'. Nu wordt hij onder alle levensomstandigheden gebruikt.

AL FONDO HAY SITIO

Achter is nog plaats.
En wanneer het nog zo vol is, eentje meer kan er altijd nog bij.

Paklijst

> DATUM
....

> AANTAL DAGEN
....

> HET WEER
WARM KOUD NAT

> BASISUITRUSTING

- ANWB EXTRA
- PASPOORT/ID-KAART
- TICKETS & VISUM
- RIJBEWIJS
- BANKPASSEN
- MEDICIJNEN
- VERZEKERINGEN
- HOTELADRES

C CHECK

> TOILETARTIKELEN

> KLEDING

> DIVERSEN

> ELEKTRONICA

Mijn tripplanner

DAG 1

Blz ...... MUST SEE ....
Blz ....
Blz ....
Blz ....
Blz ....
Blz ....
Blz ...... ETEN EN DRINKEN ....
Blz ....

DAG 2

Blz ...... MUST SEE ....
Blz ....
Blz ....
Blz ....
Blz ....
Blz ....
Blz ...... ETEN EN DRINKEN ....
Blz ....

DAG 3

Blz ...... MUST SEE ....
Blz ....
Blz ....
Blz ....
Blz ....
Blz ....
Blz ...... ETEN EN DRINKEN ....
Blz ....

DAG 4

Blz ...... MUST SEE ....
Blz ....
Blz ....
Blz ....
Blz ....
Blz ....
Blz ...... ETEN EN DRINKEN ....
Blz ....

MUST SEE.. Blz ......
.... Blz ......
.... Blz ......
.... Blz ......
.... Blz ......
.... Blz ......
ETEN EN DRINKEN... Blz ......
.... Blz ......

DAG 5

MUST SEE.. Blz ......
.... Blz ......
.... Blz ......
.... Blz ......
.... Blz ......
.... Blz ......
ETEN EN DRINKEN... Blz ......
.... Blz ......

DAG 6

MUST SEE.. Blz ......
.... Blz ......
.... Blz ......
.... Blz ......
.... Blz ......
.... Blz ......
ETEN EN DRINKEN... Blz ......
.... Blz ......

DAG 7

.... Blz ......
.... Blz ......
.... Blz ......
.... Blz ......
.... Blz ......
.... Blz ......
.... Blz ......
.... Blz ......

E EXTRA

Notities

T
TIPS

Favoriete plekken – **review**

> OVERNACHTEN

ACCOMMODATIE ► ....

ADRES/BLADZIJDE ....

PRIJS € €€ €€€

NOTITIE ....

....

> ETEN EN DRINKEN

RESTAURANT ► ....

ADRES/BLADZIJDE ....

PRIJS € €€ €€€ CIJFER

VOORGERECHT ....

HOOFDGERECHT ....

NAGERECHT ....

NOTITIE ....

....

RESTAURANT ► ....

ADRES/BLADZIJDE ....

PRIJS € €€ €€€ CIJFER

VOORGERECHT ....

HOOFDGERECHT ....

NAGERECHT ....

NOTITIE ....

....

RESTAURANT ► ....

ADRES/BLADZIJDE ....

PRIJS € €€ €€€ CIJFER

VOORGERECHT ....

HOOFDGERECHT ....

NAGERECHT ....

NOTITIE ....

....

....

> WINKELEN

WINKEL ►

ADRES/BLADZIJDE

NOTITIE

WINKEL ►

ADRES/BLADZIJDE

NOTITIE

> UITGAAN

GELEGENHEID ►

ADRES/BLADZIJDE

NOTITIE

GELEGENHEID ►

ADRES/BLADZIJDE

NOTITIE

> EXTRA

EXTRA ►

ADRES/BLADZIJDE

NOTITIE

EXTRA ►

ADRES/BLADZIJDE

NOTITIE

EXTRA ►

ADRES/BLADZIJDE

NOTITIE

Fotoverantwoording

Manuel Blázquez, Madrid: omslag achter, blz. 4 b., 12/13, 41, 42, 44, 55, 92, 102, 107
Nico Chicote, Madrid: blz. 90, 102
picture-alliance, Frankfurt/M.: blz. 120/7 (Gandul); 120/9
Fotolia, New York: blz. 21 (nito); 120/2 (kasto/Matej Kastelic)
Getty Images, München: blz. 120/4 (Alvarez); 93 (Boston Globe/Globe Staff/Rathe); 120/5 (Europa Press/Perez Meca); 64 o. (NurPhoto/Gonzalez); 78/79 (Parra); 120/8 (Sheppard); 40 (Soletic)
Glow Images, Waukesha: blz. 27 (Imagebroker/von Poser)
Huber Images, Garmisch-Partenkirchen: omslag, vouwkaart (Raccanello); blz. 25, 72 (SIME/Giocoso)
Laif, Keulen: blz. 57, 94 (Gonzalez); 75 (Gumm); 70 (Knechtel); 109 (Linkel); 7, 98 (Multhaupt); 16/17 (Redux/NYT/Lujan); 20, 24, 47 (Redux/VWPics/Vallecillos); 28, 97 (Tophoven)
Look, München: blz. 67 (AGE Fotostock); 4 o. (Pompe)
Mauritius Images, Mittenwald: blz. 85 (AGE/Davilla); 8/9 (AGE/Domingo Leiva); 68 (AGE/Facto Foto); 120/3 (Alamy/Auad); 60 (Alamy/Bradley); 29 (Alamy/EmmePi Travel); 36 (Alamy/Foy); 80 (Alamy/Greenberg); 120/1 (Alamy/Photo 12); 22 (Alamy/Prentice); 52, 64b. (Alamy/Segre); 45, 49, 100, 105 (Alamy/Vallecillos); 86 (Cash); 39 (Fine Art Images/SuperStock); 56, 65, 83 (Travel Collection/Körte); 104 (United Archives/Fishman); 120/6 (United Archives); 33 (Warburton-Lee/Pereyra)
Javier Peñas, Madrid Destino: 14/15 (Gastrofestival 2016)
Wolfram Schwieder, Ostfildern: blz. 32
Shutterstock, New York: blz. 48 (Mueller)
We bedanken Room Mate Hoteles voor de foto op blz. 88 (martinmendezphoto)
Tekeningen: blz. 5 Antonia Selzer, Stuttgart; alle andere G. Konopik, Fürstenfeldbruck
blz. 45 Brushstroke, sculptuur, Roy Lichtenstein, © Estate of Roy Lichtenstein / VG Bild-Kunst, Bonn 2017
blz. 47 Guernica, Pablo Picasso, © Succession Picasso / VG Bild-Kunst, Bonn 2017
blz. 80 The Open Cube, Matta, © VG Bild-Kunst, Bonn 2017

Hulp gevraagd!
De informatie in deze reisgids is aan verandering onderhevig. Het kan dus wel eens gebeuren dat je ter plaatse een andere situatie aantreft dan de auteur.
Is de tekst niet meer helemaal correct, laat ons dat dan even weten.

Ons adres is:
Uitgeverij ANWB
Redactie KBG
Postbus 93200
2509 BA Den Haag
anwbmedia@anwb.nl

Productie: Uitgeverij ANWB
Coördinatie: Els Andriesse
Tekst: Maria Anna Hälker en Manuel García Blázquez
Vertaling: Ernst Schreuder
Eindredactie: Amir Andriesse
Opmaak: Hubert Bredt
Opmaak notitiepagina's: Studio 026
Concept: DuMont Reiseverlag
Grafisch concept: Eggers+Diaper
Cartografie: DuMont Reisekartografie
We bedanken Miguel Ángel Delgado van het Consorcio de Transportes de Madrid voor de kaart met metro's en forenzentreinen

Eerste druk
ISBN: 978-90-18-04144-1

Herinner je je deze nog?

9 van de 3.165.883 Madrilenen

Pedro Almodóvar

De bekendste filmmaker van Spanje sinds Luis Buñuel. Leeft en werkt in Madrid, en met goede redenen. In diverse van zijn bioscoopproducties zijn originele Madrileense locaties te herkennen.

De Madrileense beer

Oso en Madroño, de beer en de aardbeienboom waartegen hij zich opricht zijn het meest gefotografeerde plekje van Madrid. Dit is het wapendier van de stad, net zoals partnerstad Berlijn zijn beer heeft.

Leo Bassi

In zijn 'heiligdom' in de Travesía de la Primavera 7 neemt deze bekende clown de religie op de hak. Heidens hoogtepunt van de week is de Misa Patólica op zondag (paticano.com, leobassi.com).

Manuela Carmena

De in 1944 geboren advocate, die onder Franco als linkse politica werd vervolgd, is sinds 2015 de burgemeester van de stad. Ze won de verkiezingen als lijstrekker van de beweging 'Ahora Madrid' (Nu Madrid).

Cocido madrileño

Madrilener stoofschotel hoort bij Madrid als paella bij Spanje. Je eet hem in twee gangen: eerst de soep, een bouillon met noedels, dan de kikkererwten met groenten, rundvlees, kip en ham.

Cybele

De dame van de mooiste Madrileense fontein, Fuente de la Cibeles, is een symbool van de stad. En voor velen is ze de oermoeder en vereerde godin. De fans van Real Madrid vieren gewonnen wedstrijden aan haar voeten.

Javier Marías

Deze schrijver zie je vaak wandelen over de Puerta del Sol. Misschien op zoek naar inspiratie voor zijn column in de krant El País.

Paco de Lucía

De beste flamencogitarist aller tijden (1947-2014), symbool van de Madrileense flamencoscene. Sinds 2015 is er een metrostation naar hem genoemd.

Antonio López

De moderne kunstenaar heeft Madrid vanuit vele hoeken geschilderd. Zijn werken hangen in het Museo Reina Sofía, twee sculpturen staan in het Atochastation.